放自己一馬吧！

別讓執念綁架你

專業心理諮商師 呂佳綺 著

放過自己，呼吸新鮮自由的空氣吧！

生命若是趟旅行，現在的你身處何方？

是正在流浪，不知道自己追尋的是什麼，或是被囚困於城市一隅，遍尋不著自己遺失的心，還是——你正迷茫地查閱地圖，無法判辨究竟哪一條街巷胡同才是通往內心的歸途。

明明天下的旅人之多，我們卻總有單身孤旅的感受，都曾經歷過這種人生不知為何裹足不前的茫然無緒，都曾被無端的煩惱纏困手腳而感到身心俱疲。這種時候，我們常常會安慰自己，時間能撫平一切，畢竟，自己不也一路跌跌撞撞地從無數次難以排解的沮喪與焦慮「走出來」了嗎？

然而，我們真的走出錯綜複雜的困境，找到通往內心的歸途了嗎？還是，我們只是暫且找到出口，接著又鑽入另一個死胡同。就這樣讓自己一年年老去，不斷地輪迴與重複。

其實，解開惡性循環的方法，就在你的一念之間。

執，守也，持也。若我們就字面解讀「執念」的意涵，就是持守一個念頭，一個根深蒂固且無法棄之的念頭。

執念是一顆不知道何時種下的種籽，悄悄地在我們的腦袋裡生根蔓延，以體內的負能量為養分，緩緩地、密密麻麻地遍佈生命裡的每一處。等到我們突然醒悟，它已牢牢緊抓不放，難以拔除，彷彿萬年的樹根盤根錯節。

若一個人被執念綁架太久，會彷彿患上斯德哥爾摩症候群，不知不覺對這份執念產生認同，讓自己看不清楚事情的真相，結果愈活愈疲憊，愈戰愈累。即便某一天發現自己其實有離開的自由，也捨不得走，於是開始自己綁架自己的人生，制約自己的思路，成為一個不懂得放手的人。

「放下」心中的執念，一直是人生重要的課題，但是每個人的執念不盡相同，該從何放手，如何放手才是難題。就算執念的源頭複雜，勢力盤根錯節，只要我們循著書中的導航步驟，深入了解執念，面對執念，就能一招走天下，日後與之再度相遇也不怕。

所以在書中我從協助讀者們找出究竟誰是綁架真兇開始，鎖定執念的蹤影、搜尋執念的來源，揪出害我們陷入泥淖的恐懼、不安或多疑。假如我們無法立刻避免執念纏身，那就先逃再說，因為超壓的生命會讓我們無法靜心思考。不如給靈魂多一點的喘息空間，並且趁此時克服如野火燒不盡的負面意念。當執念已被我們遠遠甩在後頭，就是時候清倉盤點身上大包小包的行囊，重新審視我們塞得滿滿的心靈。如同我們會為了遠行而打包行李，唯有撥開紛紛擾擾，重新計算心之所向，歸類珍重與可有可無的物品，接下來才能擁有快樂無礙的旅途。

若是你總覺得通往人生目標的道路遙無止盡，不如乾脆放自己一馬，換上輕裝的行囊，並且開啟導航地圖，著手研究通往內心的旅途，解放禁錮已久的自己吧！

呂佳綺

目錄

Step 2／逃脫執念的束縛

Step 3／攻克奔向自由之路的心理障礙

Step 4／重新計算心之所向

Step 5／擁抱心價值，自由奔向新人生

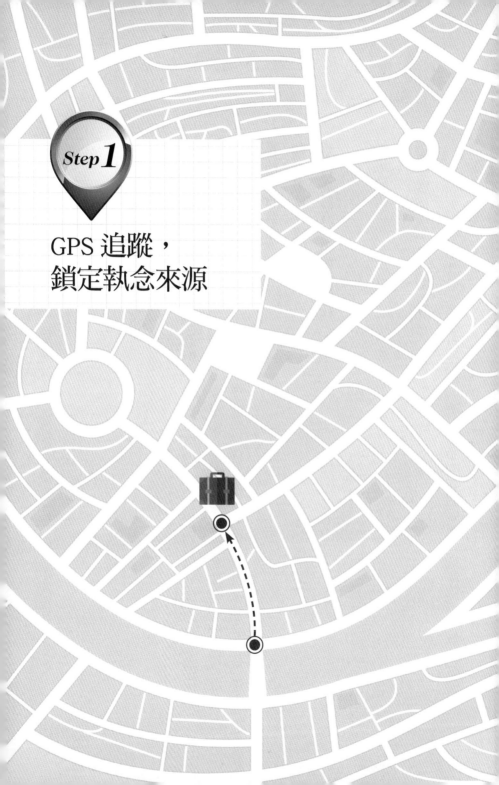

Step 1

GPS 追蹤，鎖定執念來源

心靈導航測驗

你對愛情的執念有多深？

Q 你始終不敢向暗戀的對象表白，所以決定藉由超自然的力量來解決這個困擾你已久的問題，以求和心儀的人在一起。請問，你認為以下哪種魔法道具的成效最佳？

Ⓐ 烏鴉的羽毛

Ⓑ 用稻草作成的娃娃

Ⓒ 捏成對方長相的泥娃娃

結果分析：

選擇Ⓐ的人，執念深度30％

你向來推崇順其自然的生存之道，所以生命的各個層面一直保持平靜無波的態勢，尤其是戀愛關係。但這不代表你對愛情淡然，你還是很認真地經營感情，只是不會過於苛求對方，而是採取「給彼此空間」的策略。然而，兩個人在一起不單是一種習慣而已，建議你多加關心對方，才能讓感情持續升溫。

選擇 B 的人，執念深度 60%

一想到暗戀對象的追求者眾多，而各個情敵的表現比你亮眼、各方面條件都比你優秀，你就會十分沮喪，而陷入鑽牛角尖的思緒中。請你停止跟他人比較吧！只要你把沮喪的時間拿來提升內涵與能力，良緣自然會來到。

選擇 C 的人，執念深度 90%

你是個行事縝密之人，所以告白也要審慎計畫，完全容不下一絲差池。因此，一旦事況發展不如預期，「我不好過，別人也別想有好日子過」的負面想法就會閃過你的腦海。為此處心積慮地陷害他人，不只讓你常感心力交瘁，感情關係也常常分分合合，難以尋得內心的安穩。

過高的期許，害你什麼也做不成

剛過新年，我們三五好友齊聚於約翰家，朋友幾人不免俗地聊起今年的新希望。酒過三巡後，自詡為文青的約翰突然拋出一個人生議題：「什麼是理想？」

是啊，何謂理想？當酒酣耳熱的大夥還在努力思索「理想」之於人生的定義時，潔西卡突然犀利地回答：「理想就是一個逼死自己的目標。」

聽到這個答案，眾人不禁哄然大笑，我卻覺得這是一個挺嚴肅的議題。

理想是指美好的願望，或是完好的狀態，它是完美恆定的象徵。每個人心中都有一個理想，縱使它不盡相同，而我們每年開春之際立定新目標，不就是為了離自己勾勒的理想更進一步嗎？由於我們不安於現狀，於是傾盡一生追逐那個心中美好的願望。無論是有伴侶、有房、事業更成功、戀愛加倍升溫、擺脫當下的困境、順利減輕體重，或是增廣見聞等等，至少，理想中的「我」絕對比現在這個版本更好。

而我們對理想與完美的嚮往，正是造成執念的根源之一，亦是我們以不人道的方式苛求自己的罪魁禍首。

你總是認為自己有能力做得更好

友人約翰是甫任職於某家電視台的編劇，他從學生時期就已展現出寫作天分，因此「才華洋溢」的讚賞一直如影隨形地跟著他，直至今日仍是如此。無論約翰置身何處，人們總為他的機智風趣折服。

因長期以來的形象塑造與自負的心理，初出茅廬的約翰曾向我宣告，他的第一部電視劇定能叫好又叫座，讓現下的電視劇相形見絀。

「這是你在編劇界的初登場，一開始就這樣想，你的野心會不會太大？」我問道，因為約翰對自我的期許總是讓我感到瞠目結舌。

「你等著看吧。別人做得到，我就做得到，而且絕對比任何人做得更好！」約翰信心滿滿地回答。

自那次碰面之後，閉關寫作的約翰彷彿從人間蒸發，連續好幾個月都不見其蹤跡。當久未蒙面的他再度出現時，竟帶著一臉憔悴的神情。

「我的編劇生涯快完蛋了。」約翰沮喪地說。

「怎麼回事？上次見到你時，那份劇本不是只剩細部修改了嗎？」我問道。

「不，我把它全刪了。我決定重寫一篇新的故事。」看見我目瞪口呆的反應，約翰無奈地聳聳肩。

原來，就在原劇本完成的隔天，約翰為求完美而反覆看稿，卻發現自己本來非常滿意的角色竟越看越不順眼。他一面思忖著故事中的人物應該還能更鮮明，劇情最好能夠再緊湊一點……而一再陷入內心交戰的焦灼情緒中，「我絕對能做得更好」的發狂念頭突然攫住約翰不放。經歷數次縫縫補補的修改後，約翰又覺得劇本被自己修成四不像，於是就把故事刪了又寫，寫了又刪。

接下來的慘況自然可想而知。一個不肯放過自己的念想，讓約翰無法放下早已落筆而成的完稿，反而被求好心切帶來的執念越追越緊，使他錯估時間與自身能力之間的平衡，後果得不償失。

正所謂：「一葉蔽目，不見泰山；兩耳塞豆，不聞其雷。」由於約翰對完美與優秀的嚮往，讓他迷失在細節裡，而看不見全局。

你是否偶爾也會陷入和約翰雷同的境況呢？起初自己只是渴求鶴立雞群的表現，於是不知不覺開始鑽牛角尖，不斷提升自我標準，甚至想成為「完人」，盼望自己成為某個領域的「標竿」。因為你不想讓大家失望，更不想讓自己失望，最後，求好心切的執念反讓你無從逃脫，本身的才華也無從施展。

所以請你停止吹毛求疵吧。

如果盡善盡美的心態，讓你在追求目標的過程裡時常患得患失，因而花費好幾個小時在一件事、一個問題、一個步驟上，最後卻什麼事也沒有解決，那不是違背你的初衷嗎？

我們偶爾都有為求表現而執迷不悟的時候，此時趕緊提醒自己，事有輕重緩急，任何計畫都有期限，但在有限時間內只要你掌握重點執行，且不偏離主軸，其他繁瑣的細節就不必耿耿於懷。如果執行時，你能把注意力集中在正確的軌道，按部就班且全力以赴，就能逐步完善處理，掙脫因追求完美而停滯不前的人生窘境。

做自己，才不會因他人的評價而迷失方向

麥克．勒伯夫是美國知名的演說家與作家，其著作的譯本多達十幾種語言。他曾說：「不要管別人怎麼想，他們不在乎你。他們忙著想——你和其他人怎麼看待他。」不要管別人怎麼想。這句話乍看之下簡單，然而真要做到，卻是難之又難。

其實好友約翰在高中時期就曾參加校內的文學獎投稿。當時年輕氣盛的約翰對自己的文采相當自負，他想寫出一篇所有人都不忍釋卷的小說。

徵選結果出爐後，約翰的小說一如預期地登上校報，他的喜悅之情溢於言表，趕緊搶到一份校報，一字一句地仔細閱讀評審的評論。其中一名評審給予此篇小說極高

的評價，認為故事裡的人物塑造尤其精采。然而越往下讀，約翰的心情越是沉重。原來，另一位評審並不認同第一位評審的觀點，他認為這篇小說雖然從徵選中脫穎而出，但作者塑造人物的能力卻有待加強。對此，其餘的評審也都評價不一。所以，縱使約翰已贏得此次文學獎優勝的殊榮，他仍然感到十分沮喪。

之後，約翰彷彿再也不知道該怎麼創作了。因為每當他再次動筆時，那些評審的意見就會不斷閃過腦海，讓他的思緒紛亂茫然，怎麼寫都不滿意。

數年過去，晉身為編劇的約翰偶遇當年那位對他評價甚高的評審，老師熱心地關切約翰是否仍熱愛創作。他點頭後微笑地說：「但我一度以為自己再也無法創作了。」

「為什麼？」老師問道。

「那時的我實在無法忘懷其他評審的評論，只要我這麼描繪人物，就想到某些人並不喜歡，就算我決定換個寫法，同樣的念頭又會再度出現。」約翰邊回想邊道出當時的心聲。

「後來你怎麼解決這個困境？」老師緊接著問。

「很簡單，我決定停止討好所有人。」約翰答道。

其實，約翰的體悟來得並不算晚，我們之中有許多人直至年過半百，尚還汲汲營營地渴望自己有一天能得到所有人的認同，希冀自己能成就一件讓眾人齊聲讚譽的事，始終無法將他人對我們的評價置於腦後。

例如：你不希望被同學討厭，久而久之就把自己真正的想法隱藏在面具下；因為同事們認為你是個職場強人，所以你對自己的要求越來越嚴苛，過於在乎長官、下屬和客戶的反應；情人偶然對你的外貌開了點無傷大雅的玩笑，於是你不斷嘗試最新的微整形技術，讓人工美逐漸掩蓋你的真實相貌。

你發現了嗎？不知不覺間，你的「真我」正一點一滴消失在這些評價中。

退一步想，世界何其大，熙來攘往的人們形形色色，若我們冀望得到所有人的喜愛，無疑是難於登天。既然人生的旅途上有人喜愛我們，必定也會有人批評我們，所以不如專心地走自己的路吧！

就算這條路並非康莊大道，抵達終點時，此生也無愧於己。

思路轉個彎

當你過分在乎他人的評價時，想一想：

優點與缺點是相對的概念。例如：你的適時堅持是優點，但無法容忍他人的指正而堅持己見，就是固執。所以你可以試著這樣做：一旦被對方批評，你就在心中同時列下自己的一個優點；一旦對方讚美你，就想想這個優點是否在人生的其他層面反會成為缺點。藉此提醒自己，有讚美就有批評，你無法讓所有人滿意，別因他人的評論而放棄自己的使命，或因他人的稱讚而志得意滿，導致人生裹足不前。

「向外看，是你現在最不應該做的事。沒有人能給你出主意，沒有人能夠幫助你。唯一的方法，就是走向內心。」

——德國詩人，萊納・瑪莉亞・里爾克

拒絕成為魯蛇，為何人生非贏不可？

秋日午後，愛莉的女兒小羽沮喪地走出鋼琴比賽的現場，因為她剛與優勝擦身而過。縱使愛莉再怎麼安慰小羽，她仍是十分氣餒，無法打起精神。

對此，愛莉反覆思忖：自己從來沒有對孩子的表現施予壓力，事前也曾與女兒溝通過——此次參賽的目的僅是取得經驗，輸贏不必太在意——為什麼她還會如此失落呢？於是，愛莉問孩子：「媽媽說過能否吸收經驗最重要啊，為什麼你這麼在乎輸贏？」

小羽回答道：「因為優勝的人看起來比較快樂啊，而沒得獎的人卻會被笑，很丟臉。」

孩子無心的回答，恰好反映出大人也常陷入的執念課題。我們之所以爭強好勝，正是因為希冀勝利帶來的優越感；我們害怕被淘汰，也是源於無法面對羞愧與尷尬的感受。於是，為了避免讓自己恐懼與不安，追求勝利才成為每個人唯一的選項。

然而，在我們成長的漫漫光陰裡，無法避免地一定會遭遇失敗。或許只是日常的口舌之爭，或許是考試不順，或許是遲遲沒有得到老闆的提拔賞識，甚或是不再美滿的婚姻。因為我們沒有辦法因應失敗帶來的負面情緒，所以讓心愈戰愈累，讓自己成為一個輸不起的人，戰鬥力也被得失心消磨殆盡。

一旦我們的大腦被「不能輸」、「不能落後」或是「不能被對手壓制」等非贏不可的念頭綁住，將使自己無法大膽施展身手，處事也會小心翼翼。而一個被綁手綁腳的人又怎能在生命之旅裡順暢前行呢？

別怕丟臉，杜絕失敗恐懼症

我剛聽到「魯蛇」一詞之時，感到十分困惑，不知道此新創的詞彙究竟為何意，於是特地上網搜尋其義。原來「魯蛇」為輸家（Loser）的英文諧音，是網路流行的諷刺語，韓國與日本亦有類似的說法。所謂的魯蛇就是，相對於社會定義的人生勝利組，嘲諷他人為失敗者，或是自嘲為失敗者的用詞。

雖然此流行用語的出現跟現下的貧富差距與經濟不景氣有關，但這也反映出亞洲社會裡，大眾對於成功與失敗有十分明確的界線——「成功」的人有名有利，「失敗」的人則是默默無聞或一貧如洗。這類用語的誕生心理，與我們常聽見的各種比評聲浪，不謀而合。例如：

「你怎麼不繼續念研究所？你的同學都已經是碩士、博士了。」

「一個博士怎麼跑去賣雞排？」

「人家隔壁王太太的兒子都已經晉升主管階級，你怎麼還是小職員？」

「他十五歲就已經名揚四海，你十五歲的時候在做什麼？」

無論他人是用以上的言語批判我們，或是對我們的「失敗」垂以關愛的目光，隨之而來的負面壓力都讓自己像鬥敗的公雞般垂頭喪氣。於是，當我們沒有達到社會定義的成功，拼命也無法脫離失敗的陰影時，就使用類似魯蛇的說法自嘲自貶，來紓解心中的鬱悶不快，並在潛意識裡種下害怕失敗的恐懼因子。

但是我們何必對失敗誠惶誠恐呢？從小羽的案例來看，其實她不需感到羞恥，也無須感到丟臉，反而應該開心。因為這次的失敗讓她擁有優勝者缺乏的經驗——她知道自己何處不足，未來只要將之改善就能變得更好。

我們的人生價值是無法以輸贏簡單界定。是成，是敗，端看我們用什麼標準去看它，用什麼心境去面對它。一時遭遇失敗，不代表我們就輸了。恰好相反，不斷地遭遇失敗，是一個人之所以能持續學習成長的原因。畢竟沒有經歷失敗或者汲取他人失敗的教訓，我們也無法檢視自我的不足，無從預防未來失敗的可能性。

平時，好勝心以不同的形態隱藏在我們的生活裡，例如：不甘位居第二而汲汲營營，不甘成就比不上他人而吹破牛皮，反而讓我們無法靜心評估自己的現況，生活如墜入迷霧之中，因找不到出口而越來越焦躁。然而，只要我們專注於自我的目標，不被外在定義的輸贏干擾，並且誠實地面對自己的缺失，日後即使戰敗，亦是雖敗猶榮，這才是人生真正的勝利。

人生最美的時刻，就在當下

無論是在學或出社會，馬克一直是個非常有競爭意識也非常勤奮的人。當他還是社會新鮮人時，曾經擁有相當亮眼的表現，不過自此之後，這份優越感就離他越來越遠。有很長一段時間，馬克都感到深陷囹圄，遭遇瓶頸的無力感幾乎將他的意志吞噬，遲遲無所成就的茫然持續壟罩著他的人生。

這段期間內，失去往日神采的馬克讓身旁的親友擔憂不已。於是在家人的說服下，他勉強放下工作，請假散心。

旅途中，他遇到一位老人。

當已屆耳順之年的老人家見到滿臉愁容的馬克，深感疑惑，便問他所為何事。馬克嘆口氣，無奈地說：「老爺爺，我都年過四十了，但遲遲找不到自己在生命裡的定位，對自己如此庸庸碌碌的工作到底是為了什麼，更是感到茫然。」

老人疑惑地皺皺眉頭，並問馬克：「那你想要哪一種的定位呢？」

突然被老人這麼一問，馬克一怔，半晌後才回答：「不知道，總之就是適合我的位置。」

老人和藹地笑了，拿拐杖指了指馬克的腳邊說：「你現在不就在這裡嗎？」

馬克先是低頭看看自己所處的位置，明白老人意有所指，於是他放眼望去，發現滿山的秋意襯托著落日餘暉，閃耀動人的美景盡收眼底，讓他忍不住為之讚賞。馬克頓悟了，他窮極心力所遍尋不著的滿足感，不就在當下嘛！

我們一生中都在尋找能實踐所長的位置，有的人及早就找到，有的人既來之則安之，有的人卻永遠不安於現狀。

每個人感到無力的層面不盡相同，也許異於馬克在職場遇到的瓶頸，而是對婚姻的現況不滿、總覺得配偶不夠體貼、小孩不夠乖巧或財務不夠寬裕，於是你更加奮力經營自己的家，沒想到反而讓家人喘不過氣，一個個想要逃離「你的關愛」。最後，因你費盡心力卻一無斬獲，於是漸漸地感到麻痺，不再追尋生命的意義。

希望你拋開好勝的競爭之心，不代表必須放棄追求人生目標。無論是人生的哪個層面，只要我們做好能力可及之事，泰然面對人生進退，時時用心去體會工作或生活的愉悅美妙，就能實現自我的價值；只要我們收回放得太遠的目光，專注於當下，就能沉穩地達成人生目標。

所以下次你感到心力交瘁的時候，先試著從這份欲求不得的執著中掙脫吧！就像我們偶爾會因憂慮某些事，而想撒手不管，乾脆埋頭大睡一覺般。一夜醒來後，反而發覺自己擁有淡定解決的能力。

你可以出門走走，四處看看，不一定要遠行，就算自己只是跳上公車市區一日遊也可以，尋找人生的不同角度，換個心境再回來。給生活新的刺激，給自己的心喘口氣，最初的動力與熱忱也會重新浮現，你的視野也將再度清晰。

思路轉個彎

想克服自己對於失敗的挫敗感，你可以試著這樣做：

既然結果不如預期，已夠讓自己難受了，又何苦繼續自己為難自己，非要強顏歡笑呢？如果面對他人你會羞於啟齒，不如將心中的想法與感受如實寫下。想擺脫失敗引發的沮喪與羞愧，實際提出失敗因素與列出解決意見是十分有效的方法。因為勇敢承擔失敗的責任，能讓你的心態轉為積極。最後，別太苛求自己，因為這次的倒頭栽，你不是正好抽到了「再來一次」的嘗試機會嗎？

「比起從沒犯過錯的創業者，我認為犯過錯的人更值得信任。」

——以色列科學家，丹・謝特曼

你是否常無法理解，對方究竟在想什麼？

托比是我的前老闆，平時待我不薄。他是典型的文人，做事犀利果斷，對事自有一番見解與評判。工作上，只要托比見到有人成效不彰，達不到他快狠準的標竿時，他就忍不住私下批判對方，並暗示我：他覺得對方不夠聰明。這天，才剛跟客戶開完會回來，他就忍不住脫口抱怨：「我實在不懂他在想什麼，事情被他越弄越複雜，明明就已經給他最簡單的方案了！」

這類的事情屢見不鮮，托比常認為周遭的人都難以跟上他的思考，並為此鬱悶不已。其實不只托比有這種感受，我們都曾閃過「實在無法理解對方的思考模式」的念頭。而當我們以自己的角度跟價值觀來看待他人時，差異與磨擦就會隨之浮現。

諸如：下屬不理解上司要的是什麼，於是越工作越沮喪；上司不懂下屬的處事邏輯，於是溝通時火氣越來越大；夫妻也時常因不能相互體諒，常以大吵一架收場。

英國哲學家羅素曾在著作裡探討「是什麼讓人不快樂」的問題時，以自身的經驗寫道：「現在的我，恰恰相反，不僅非常享受人生，而且一年比一年更懂得享受。一方面是因為我發現自己最想要的是什麼，而逐漸在該方向上有所獲得；另一方面，則是我成功地放棄某些想要的——比如說獲取不容質疑的智識——這基本上是不可能的。但最主要的原因，還是減少了對自我的陷溺。」

所謂自我的沉溺，也就是對自己的過度關心。只要我們丟棄「自我」的執念，就能以嶄新的視野看世界，理解並接納浮世裡的種種差異與美麗，更能進一步跟人們產生連結，告別孤獨的感受。

地球不是繞著「我」轉

在日常生活裡，人們時常以「自我中心」來形容那些以自己的角度跟價值觀來看待世界、處理事情的人。簡單的說，這類型的人總認為「地球是繞著我在轉」。

現今有這種想法的人並不少，尤其是隨著以「我」為本的社群網站興起，人們更加積極地在各種社群網站上展現「我吃了什麼」、「我去了什麼地方」、「我看見什麼」，不斷將大量關於「我」的訊息分享給周遭的親朋好友。二〇一三年，牛津字典甚至將自拍（Selfie）一詞選為年度風雲字。

當我們更沉溺在對自我感覺良好的世界時，縱使網際網路使人與人之間的聯繫交流更加便利，我們與他人的關係反而疏離遙遠。因為對自我的過分關注，導致我們最後甚至懶得去理解他人的想法。

例如，我的前老闆托比與身為家庭主婦的妻子時常起爭執，我總是得左耳聽先生嫌太太笨：「我完全無法跟她暢談有深度的話題！」右耳聽太太罵先生漫不經心：「他的心不知道在哪裡，明明那麼顯眼的東西怎麼會翻箱倒櫃也找不著！」

其實托比的太太在尚未成為人妻之前，也是個人人稱羨的高材生，怎麼會是個見識淺薄之人呢？托比每天必須處理的工作項目繁雜龐大，怎麼會是個粗心之人呢？托比忘記，太太對時事的敏銳度低，正是因為全心全意地在照顧他與孩子；太太也忘記，托比之所以顯得粗心大意，是因為東西是她收拾整理的，她自然是比托比還清楚物件的位置。他們夫妻倆的吵吵鬧鬧，就是因為緊守自我的執念，以致產生衝突。

所以，當你要求他人必須依照你的邏輯想法與處事作風時，請適時的提醒自己，或許你跟對方的教育程度相同，或許你們目前身處於同一個職場，或許你們生活在同一個空間裡，但你跟對方仍然存在著不容忽視的差異，而正是這些差異造成你們擁有迴異的人格發展與處事態度。因此，強求對方必須達到你對自己的標準，按照你的邏輯思考，就顯得有些過分了。

被自我執念綁架的人，總以自己的價值觀來評判他人，與人相處時不斷冒出：「別人的做法較差」、「我才是對的」等等念想。例如：你無法認同隊友解決問題的方式，忍不住出口反駁；你不認同國家的政策，感嘆執政者怎麼會如此愚笨。我們將事情的不順利怪罪至他人頭上，於是，磨擦與不平之氣充斥於生活中，所以現在應立即替烏煙瘴氣的人生實行清淨計畫！

自我是一所可怕的監獄，它讓我們一輩子在哀傷與苦痛中掙扎，處處受氣。

當你面對不同的想法與做法時，不妨盡力去挖掘人們行為背後的動機。只要你深入了解，便能更進一步理解對方，減少彼此的摩擦。

比方說，當主管否決你的提案時，不要點頭應是之後，就立刻刪掉舊有提案重新再來，這只會讓你因為三番兩次被否決而怒火越來越旺，還私下咒罵對方是個心情陰晴不定的爛主管。與其如此，你可以多花點時間跟主管溝通，理解他否決這個提案的原因，試著從主管的角度去思考，也許主管並不是完全否定你的想法，而是施行的成本偏高。其實只要你稍加修正方案，案件就能順利過關。

趕緊回到現實吧！地心說的時代早就過去了，所以千萬別存有什麼「地球繞著我轉」的思維投射，搞得自己唯我獨尊，更孤冷終生。設身處地的思考有助化解偏執的僵局，你就再也不會因為隔閡，浮出「沒有人能理解我」與「眾人皆醉，我獨醒」的孤立感。

放下過重的自我意識，讓你溝通無礙

某日下班，老李與同事老方一同搭乘電梯，等待的過程中，兩人聊起時事。當老李還在發表自己的看法時，老方卻突然打斷他的話：「錯！話不能這麼說。」頓時，老方皺著眉頭不太認同的模樣讓老李有些尷尬。但老方沒察覺，開始長篇大論地指責老李，並聲稱傳授他「正確的道理」，於是老李只好噤聲。久而久之，原本還算投契的兩人就漸行漸遠了。

其實，在與人溝通交流時，人們偶爾都會不自覺地使用這類否定、命令式的語句。這是一種自我意識擴張的象徵。然而，沒有人喜歡被批評否定，多數人遇見像老方這種「強勢建議」的狀況時，防衛機制就會自動開啟，立刻拉開心的距離，以躲避這種「善意」的攻擊。

你有時也會流露出「我說的才對」的態度嗎？

雖然本為好意，卻因為你的自我意識過重，讓建議瞬間轉變為指責，令他人本能地想反抗你的觀點；因為你放不下自我的執念，讓彼此的溝通無法順暢愉快。其實，只要溝通時多關心對方的感受，即使是同樣的語意，稍稍留心，你就能說進他人心坎裡，而不需要以否定他人來彰顯自己。

畢竟，你會提出建議，不就是希望他人能接納你的觀點嗎？那麼，用斬釘截鐵的語氣搧對方一記耳光，誰能坦然地接受你的建議呢？屆時，就算你立意良善，也無人願意聽你說，背離溝通的初衷。

越是有能耐的人，越是謙卑待人；能放下自我的人，人們也會越敬重他。所以，只要你調整一下自己溝通時的身段，會發現人們更願意親近你，更願意在遇到困難時請教你。

太在乎自己，就容易把自己看得太重；總認為自己高人一等的人，終究會使自己被孤立成一位愚者。與其如此，不如成為一個讓人想多方親近的賢者，因為當你能真正協助他人解決問題時，遍尋不著的人生謎團，往往也得到了答案。

思路轉個彎

當你急切地想指責他人時，可以這麼想：

你這是在拿自己的人際關係做賭注。當你感到迫切地想指正他人時，請先換個立場思考：對方這番論述從何而來，或許其中有你從來沒有思考過的層面。接著捫心自問，你溝通的最終目的為何？是希望改變對方的想法，還是純粹意氣之爭？是否有更好的表達方式？你會發現，更友善的溝通，反而能讓你得到對方的尊重與真心相待。

「我評定一個人的真正價值只有一個標準：看他多能擺脫『自我』，他擺脫了『自我』又是為什麼。」

——猶太裔科學家，阿爾伯特・愛因斯坦

為何非得「擁有什麼」你才會快樂？

一日的晚餐過後，我坐在客廳裡，手握著遙控器，注意力完全被正在放送的平板電腦廣告所吸引。廣告裡的主角正在詮釋他如何使用平板電腦記錄自己的生活、分享他的愉悅。最後，一句銷售文案「怵目驚心」地跳了出來：「擁有就是快樂。」看得坐在電視機前的我心癢難耐，都想立刻訂購一台平板電腦。

擁有就是快樂，簡單地概括了人一生最容易踏入的陷阱：我們窮盡一生努力追尋幸福，卻將擁有與快樂的關係莫名地劃上等號。

確實，「擁有」外界的人事物能帶給我們正面的感受，但那是短暫的，因為外界的人事物是充滿不確定性的、易變的，如果我們仰賴外界的人事物帶給自己快樂的力量，一旦失去其中幾樣東西，就會時常感到痛苦不堪。例如，當你剛購入Iphone5S，Iphone6卻沒多久就上市，為此你感到扼腕歎息，購入Iphone5S的喜悅立刻被你拋諸腦後，開始渴望拿到最新機型的Iphone。

所以，你的「快樂」與否其實跟「擁有」與否無關。只要擺脫外在物質的束縛，你會發現，願意行善布施的人，即便一無所有，仍能感到快樂。

過多的財富，反令人吃不消

哈羅德是那種從小就將發財致富當成人生目標的人。如今，他已實現童年的願望，不僅事業有成、衣食無憂之外，生活裡的配備都是最頂級的，但是哈羅德發現這樣的生活不如自己想像的快樂，反而總是被無來由的憂慮籠罩，內心越來越痛苦。

某段時間，當哈羅德乘坐私家轎車穿過公園時，經常會看見一位衣衫襤褸的流浪漢坐在長凳上，朝一個固定的方向眺望。這天，哈羅德按捺不住好奇，便向前與此人搭話。

哈羅德說：「先生，請問一下，那兒有什麼嗎？您為什麼每天都盯著那裡呢？」

流浪漢瞥了哈羅德一眼，回答：「那裡有棟富麗堂皇的飯店啊！我無家可歸，每天晚上只能睡在這長椅上，真想進去住一晚！」

哈羅德偏頭想了想，決定做一回好事，便說道：「那就這麼辦吧。我替您支付租金，您就進去住吧，住多久都行。」

幾天後，哈羅德一如往常乘車經過公園時，卻發現流浪漢又睡回長椅上。

「怎麼啦？您怎麼又跑回來了呢？」哈羅德困惑地上前詢問。

男子難為情地說：「剛開始我確實很開心，裡頭比我想像的舒適太多了！」

哈羅德：「那不是很好嗎？我答應讓您住多久都行啊。」

男子若有所思的回答：「但是一天一天過去，我開始擔心您不知道什麼時候會收回這一切，把它從我身邊奪走。就算我很享受，卻反而比往日更不安。」

男子再次眺望飯店，並且喃喃地說：「所以我決定乾脆離開，終結這種不踏實的快樂。」

聽完男子的話，哈羅德瞬間醒悟了，自己的處境跟眼前這名流浪漢並無相異。就像男子因為害怕失去舒適的住處而惴惴不安，哈羅德的萬貫家產正是他成天悶悶不樂的原因，他擔心自己隨時會失去一切。

財富，是讓我們達成人生目標的條件，但人們容易誤以為財富是快樂的根基，而定錯目標。於是，在自己汲汲營營追求利益的同時，心也因外在的「有」、「無」而起伏。結果，擁有更多，反而讓我們恐懼更深；若回到自己最初的樣貌，想想那時的我們，即使存款單薄，與伴侶共乘著一台摩托車出遊也很快樂，更常常能體會到最純粹的感動。其實，要回到那樣的生活並不難，難的是該如何把心中那些得不到的欲念放開。

看淡得失，就能由衷幸福

「愛到卡慘死。」是我們常聽到的一句閩南語俗諺，用來形容癡情的人為愛義無反顧的樣子。然而，這樣的執念與「非愛不可」、「非擁有你不可」的恐怖其實只有一線之隔。

強森非常愛慕一位女同事，苦苦追求已久，卻始終無法贏得芳心。這讓女同事也非常困擾，用盡各種方法都沒辦法趕走強森。這天，多情的強森一如往常陰魂不散，堅持陪對方下班回家。

路上，女孩無奈地說：「我對你真的沒感覺，你放棄吧。」

強森問道：「我到底哪一點不好？你跟我說，我一定改！」

「那你到底喜歡我哪一點？我改！」女孩說道。

有時候，人們難免會像強森一樣，腦海被「我非擁有不可」的念頭佔據，認為自己的幸福與快樂必須建築在「得到」之上，更有一些執念深得無法自拔的激進派，會產生「我無法擁有你，任何人都別想擁有你」的毀滅心態。

無論是失戀或失志，當我們無法從外界得到自己想要的人事物時，內心自然會覺得萬分苦悶。就像孩子的玩具突然被搶走時，會哇哇大哭一般，認為自己的幸福源頭被奪走，感情從此無所寄託。

但是為什麼你非得擁有才會快樂呢？

畢竟，心其實是不會自己產生負面情緒的，是人的意識因外在而波動，最後才反映於心。有得有失，有失有得。你的生命裡無可避免地會不斷重複這個過程，所以何必強求不屬於你的東西。當你無法立刻解決情人離去，或是與成功失之交臂等問題時，不如先暫時逃開這些害你痛苦不已的事實，因為那只會讓你越想越生氣，使執念難有止盡。

回頭專注於安撫自己的心吧！一旦我們保持內心的正面能量，就能擺脫這種外界帶來的痛苦和怨恨而自得其樂。

不如試試具體的作法：你可以投入自己的興趣或嗜好裡，因為認真享受這種無關乎得失，過程重於結果的事情，不僅能讓你由衷感到快樂，也是強壯心智的良方。放棄向外尋求幸福，你就會發現快樂從來沒有離開過。

思路轉個彎

想要降低物欲對你的影響，可以試著這樣做：

當某件物品令你的內心「生火」時，就會害你衝動購買它。所以，盡量減少瀏覽購物網站與電視購物頻道，斷絕害你「生火」的來源。接著，培養整理的好習慣，以了解自己究竟擁有哪些東西，而其中有什麼是你從前忍不住購入，如今卻鮮少用到的非必需品？把這些物品的價錢加總，你將會知道自己有多浪費。所以你還要繼續浪費下去嗎？

「快樂就是當你所想的、所說的與所做的，都和諧一致。」

——印度獨立運動領袖，莫罕達斯・卡拉姆昌德・甘地

眾人的掌聲喝采對你真有那麼重要嗎？

一位當紅的流行歌手打算回老家與同學相聚。於是，在路旁他招攬了一輛計程車。上車後，歌手卻發現司機並沒有認出他，也沒有特別與他搭話，待他如平凡人。一路上，歌手聽著車內緩緩流洩的傳統戲曲，有些氣惱，整路悶不吭聲。

下車時，歌手忍不住問司機：「你不認得我嗎？」

司機仔細端詳他後回答：「我知道你是藝人。雖然你的歌喉不錯，但我喜歡聽戲曲，很少聽流行音樂。」

真相大白後，歌手感到十分羞愧。這件事點醒了他，原來扭曲的自尊心使得自己放不開對名聲的執念，所以才時時刻刻渴望眾人的注目。

於是，當他與老同學重逢時，他擺脫明星的姿態，舉止低調親切，就像往日時光，這讓他感到前所未有的輕鬆自在。

人們都有被關注的需要，也都喜愛被表揚與讚賞。但是，當我們有能力時，這樣的渴求會我們自大；當我們沒有能力時，這樣的渴求反使我們虛榮。

一旦被好大喜功的執念蒙住眼，會讓我們無法正確看待自己，失去正確認識自己的機會。在人生的舞台上，如果我們一定得站在聚光燈下，就會失去從他人的注目中從容離開的自由。

你不需要用聚光燈來強調自己

由艾瑪．華森主演的電影《星光大盜》是改編自好萊塢的真實事件。不同於《瞞天過海》一片以高超的竊盜技巧與峰迴路轉的劇情吸引觀眾，此部電影是從心理的層面，揭露現在年輕人迫切想成名的扭曲心態與行為。電影以冷靜疏離的視野，呈現當今名流文化如何影響人們，以及年輕人迷失於虛榮世界的荒誕現象。

其中的內容則是在演譯一群家境優渥的青少年們，由於對名流生活的好奇與嚮往，因此動了歪念，決定要打劫名人的住所。每次偷竊後，他們還會大膽地把照片PO上網炫耀，這當然有利於警方循線追查，一下子就逮到這群不知天高地厚的小鬼。不過他們並不在乎自己犯下的錯，反而更在乎這些名人會如何看待他們，也藉此得到社會大眾的高度矚目，趁此大紅特紅一番，一嘗成名的滋味。

正如電影裡的主人翁，我們每個人偶爾都有因為心靈枯瘠而渴求關注的時候，只要有人把焦點放在我們身上，我們就會覺得自己比其他人有優勢，並從其他人的崇拜行為裡，得到近似幸福的感受——「我在他人的生命裡占有一定的份量」。

然而，這種幸福僅是假象，因為這會讓我們漸漸地偏離單純與自由自在的心靈，甚至得罪他人，引來嫉妒與排斥。最終又因為得不到他人的喜愛，反而更在乎物質與虛名對自己的重要性，把自己推向無盡虛榮卻又無盡渴求的火坑中。

請你仔細回想，自己是否曾經因為無法得到預期的關注，而感到心有餘而力不足，並且意志消沉呢？諸如：和一群朋友聊天時，你明明正興高采烈的發言，但一位頗受歡迎的同學走了過來，於是眾人便就此轉移注意力，沒有人繼續聆聽你的故事；

你剛成就一件大事，家人正替你感到高興，但兄弟姊妹也緊接著公布他們的好消息，於是家人們轉而為他們鼓掌喝采……。就這樣，屬於你登台的時刻瞬間消逝，讓你常常心有不平，所以更窮盡心思想要吸引大家的注意力。

這類內心空虛的人到了職場上，總是渴求成為焦點；情場上，時時刻刻擔心受到另一半的冷落，常埋怨對方不關心自己。這種希冀他人重視的執念，不只令周遭的人疲憊，也使自己活得很累，無暇把心力放在真正能顯現自我價值的層面上。

當你發現自己出現這種情形的時候，請你趕緊提醒自己：我並不需要透過他人的關注來彰顯自己的重要性，就算對方無意間忽視我說的話，也不必太失落；我也不需要爭相邀功以奪取主管的視線，不需要用浮誇的作為來吸引同伴的注意。

一旦你拋開自大與虛榮心營造出來的幻覺，把追求聚光燈的精力拿來充實自己、發展自己的長才，你會發現，自己並不需要刻意去追求大家的目光，人們自然而然就會想靠近你；而透過真誠的交流互動，你能否稍稍對他人產生一絲影響，那才是無法取代的價值。

做事秉持初衷，才華就會見光

鋼鐵大王安德魯．卡內基曾為了競標太平洋鐵路公司的臥車合約，與商場老手布林門的鐵路公司卯上全力。在搶標的過程中，因雙方不斷的削價競爭，讓價格跌到無利可圖的境地，而陷入僵局。

某天，在商談的旅館門口，卡內基與布林門巧遇，卡內基主動地向布林門打招呼，並說道：「我們彼此惡性競爭，真是兩敗俱傷啊！」

接著卡內基坦誠地表示，希望雙方能盡釋前嫌，共圖大業。即使布林門被卡內基的誠摯所感動，但仍然沒有進一步表示合作的意願。

為此，卡內基感到納悶，於是追問原因。布林門若有所思的反問：「如果我們兩家公司真的合作，新公司的名稱是卡內基臥車公司呢？還是布林門臥車公司？」

卡內基一聽，終於明白了。原來布林門之所以遲遲不肯答應，是因為糾結在——新公司將掛上誰的名字？誰可以得到世人的注目與榮耀？於是，卡內基坦率地回答：「當然是布林門臥車公司啦！」

布林門一聽，心裡有些訝異，但久聞卡內基的為人，所以他終於同意與卡內基聯手跟太平洋鐵路公司簽約。最終，兩人都從中大賺一筆。

其實渴求名聲是人之常情，但並非只有站在舞台前的人才會獲得掌聲，如同卡內基這樣的不務虛名者，也能得到實際利益。如果當時卡內基非常介意公司名號的歸屬，缺乏這樣的胸襟與格局，他後來也不會名利雙收，被世人以「鋼鐵大王」稱頌。所以我們何必因追求虛浮的名聲而犧牲自己的發展空間呢？

老子云：「良賈深藏若虛，君子盛德容貌若愚。」意謂著有真才實學的人不露鋒芒，收其銳氣，因為他知道大樹若臨風搖擺，就時時有被吹折的風險。

換句話說，別因獲得他人讚賞而行事，因為你心靈的富足比起光彩奪目的名聲重要太多了。當你做事是為了得到虛幻的關注時，將迷失方向，忘記真正的人生目標，變成虛華不實的人。若能一本初衷做事，最終還是自己受益。記住，真正能夠發光發亮的人，不一定要站在舞台上。

思路轉個彎

當你迫切地想要得到他人的關注時，可以試著這樣想：

我們希望獲得喜愛和讚賞，是因為能從中得到更多尊重。然而，過於在乎他人的關注，卻是缺乏安全感的表現。想獲得他人的尊重，學習自尊與自愛是第一要務。

無論你擁有什麼樣的缺陷，都擁有值得肯定的特質。當你願意真實地面對自己的強處與弱處，並且謙虛改正，你就會因內在的提升而逐漸得到心靈上的平靜。

「虛榮心並非一種惡行，然而一切惡行都圍繞著虛榮心而生，都是為了滿足虛榮心的手段。」

——法國哲學家，亨利・柏格森

在你眼裡，每個人都有點腹黑？

某日晚餐時分，你走進一家餐廳裡，正好巧遇一群同事，他們邀請你同桌共餐。但是你才剛走近，其中一位同事便向大家表示他有急事得先行離開。巧合的是，前一日，你才剛走進公司的茶水間，這位同事也「剛好」中斷他與別人的對話，轉身離去。你心裡忍不住琢磨：「難道他離開是因為我的緣故嗎？」

因為同樣的情形接連發生，你不由得認為這位同事是針對你，於是開始感到悶悶不樂，怎麼都想不透自己究竟是哪裡得罪對方。如此左思右想下，害你做事魂不守舍，與人相處時更加戰戰兢兢。

腹黑，是近幾年的流行詞彙，指一個人表面與人和善，但其實城府很深，每一句話、每一個動作都別有深意。在你的眼中，每個人是否都很「腹黑」？因為你覺得他們所說的話、所做的事與內心所想的肯定有出入，所以為了探求人們真實的想法，你認真觀察，一點微小的徵兆都緊抓不放。於是，警戒與防衛心，讓篤信「以小見大」的你疑神疑鬼，時常處於坐立難安的情緒中。

本來，擁有敏銳的感知是好事，它讓我們的談吐舉止拿捏得當，溝通交流順暢。然而，過度敏銳卻是自尋煩惱，請你在尚未釐清真相之前，別急著替自己或別人羅織罪名。

就算別人說閒話，當成耳邊風就好

羅賓是總公司的行銷部門主管，因為海外成立新分部，公司便調動資深的羅賓前去駐點。縱使職位頭銜一如以往，羅賓還是覺得待在分部比不上待在總部風光，他總擔心別人會認定「他是不是因為能力不彰，犯了錯才被調往海外」。所以，羅賓開始減少與老同學或老朋友聯繫，以免讓人笑話。

某日，羅賓正準備返家過感恩節，轉機的途中巧遇一位高中同學。

同學問：「你們總部的情況怎麼樣了？」

羅賓答道：「我已經不在總部了。」

同學驚呼地問：「你被調往海外了嗎？」

對方訝異的眼神令羅賓心一緊，但還是默默地點點頭。

同學說：「那也不錯呀，可以換換新環境，恭喜你。」

兩人道別之後，羅賓心裡總有一種受暗傷的感覺，認為同學內心肯定別有想法。

幾個月後，羅賓又恰巧在機場碰到那位同學。

對方問候道：「欸？你們總部的情況怎麼樣？」

羅賓不免覺得奇怪，心想：「這個人是怎麼回事啊？我上次明明回答過這個問題了啊。」但羅賓還是淡淡地說：「我已經調到海外一段時間了。」

同學拍一下額頭說：「對了，你上次說過。抱歉、抱歉，我忘了。」

這時，羅賓突然醒悟了——是啊，我整天擔心別人心裡在想什麼，但其實別人不僅沒私下取笑我，還壓根沒把這件事放在心上。

你是不是也曾發生過跟羅賓一樣的情況呢？

其實，有時候我們耿耿於懷的執念是來自於自己的多慮；我們深怕被人說閒話，反而造成自己的困擾。所以在日常生活裡，我們如果一時被人誤會、發生尷尬的事等等，大可不必糾結於心，也無須揪住對方，非得向他解釋清楚不可。畢竟，我們對此念念不忘，別人早就已經將此拋諸腦後。告訴自己「就算真的被人說閒話，當作耳邊風就好」，如果你還是為此心神不寧，可以反過來捫心自問：

「他人的一次小失誤，或是一點尷尬情事，真的會讓我時時惦念嗎？」

「我會關心對方的生活細瑣，超越我自己的生活嗎？」

認真思考下，你會發現，其實我們自己的事情可能都已經多到處理不完，哪有心思在乎與己無關的事情呢？只要我們沒有傷害或是損及他人，就停止多慮吧！別替自己捏造煩惱。

鎮定敏感的心，停止腦內小劇場

某年過節時，一對年輕的夫婦在家中宴請朋友。眾人閒聊起單身時的花漾生活，而女主人興之所至，說道：「我結婚前常穿洋裝，結婚後幾乎只穿褲子了。」

雖然說者無意，但聽者有心，女主人這話讓男主人感到很不是滋味。他認為太太的意思是指，在嫁給自己之前，她都可以穿著美美的裙子，無須操持繁重的家務；婚後，卻因他賺得不夠，過得很辛勞，無法讓她繼續過著大小姐般的生活。於是，送走客人後，男主人再也忍不住心中的不快，夫妻因此起了爭執。

過於在意瑣事，將影響我們日常的生活品質，使之失去光彩。因為他人一句無心的玩笑，你就覺得對方是針對自己，因為他人一個無意的疏忽，你就覺得對方不尊重你。其實，事情根本沒有那麼嚴重，別讓過度敏感的意識害自己心理壓力倍增。

也許你的個性很獨立或防衛心較強，認為這種隨時隨地「明察秋毫」的應對機制能讓你即時保護自己。雖然多疑敏銳的感知確實有許多助益，但有時候它也會拖累你，害你的大腦滋生不必要的猜測。

如同案例中的同事與妻子，其心思都可能與對方猜想的情節相差甚遠，因為你並不是對方肚裡的蛔蟲，哪能確知他的心思。同樣地，當你對他人產生質疑時，心裡想的，根本與「他人」無關，不過是自己的性格陰影投射出的回音與幻象而已。

所以，如果屬下總是最後一刻才處理你交辦的事務，你可以先了解一下他拖延的真正原因，或許是他的時間管理不佳，而不是針對你，此時你可想想看該如何引導他，解決你真正的困擾。這麼一來，你的情緒也得以平復。

要是你仍然無法放下，可以婉轉地提醒對方自己的感受，不要急得找他算帳，也不要就此悶在心中。因為除了會越想越難受，你還可能加油添醋，偏離實情。

適時辨明哪些為有益的擔憂，哪些為無濟於事的自擾，一旦思緒清晰，自然能提升你的精神承受力。當你隨手解決因過度敏感而帶來的焦慮，待人處事也能更誠懇真心，讓人際關係更通達無礙。

思路轉個彎

只要你願意說出口，沒有什麼不能解決的問題。

人與人的關係本就需要認真經營，因此，當你敏銳的心感受到他人有微妙的敵意，而無法釋懷時，切勿悶在心中，獨自一人胡思亂想。那只會讓你跟對方漸漸地心生嫌隙。只要你願意溝通，向對方表達你的疑慮，你會發現真相往往沒有想像中的那麼複雜。

「我們常為一些應該輕視或忘記的小事而不高興，佔用數個無法取代的鐘頭思索不悅的事，即便它在一年內就會被我們遺忘。」

——法國作家，安德烈．莫洛亞

Step 2

逃脫執念的束縛

心靈導航測驗

你懂得排解壓力嗎？

Q 連續五日的辛勞後，終於迎來周末。你經過一夜好眠，被躍入窗櫺的陽光輕柔地喚醒。請問你起床後第一件做的事情是什麼？

A 填飽自己的胃

B 看看幾點後，就睡回籠覺

C 收取電子郵件，開始工作

D 打開電視，隨意瀏覽

結果分析：

選擇 A 的人，抗壓指數90%

你善於排解壓力，並懂得化為成長的動力，是個抗壓性極高的人。但因為你不喜求助於他人，習慣獨自面對困境，所以偶爾需要花費較長的時間才能回歸生活的正軌。其實尋求幫助沒什麼大不了的，每個人都有需要協助的時候。

選擇 B 的人，抗壓指數 70%

因為你希望得到他人的關注與讚揚，所以在群體裡，樂於擔任照顧者的角色，但也因此忽視自己而無法察覺壓力正一點一點地累積，建議你多多關心自己，向朋友表達自己的需求。聊天傾訴是一個不錯的方式。

選擇 C 的人，抗壓指數 50%

你抱持著「盡快解決壓力來源，省得它拖累我」的態度，然而，這種孜孜矻矻的自我要求與追求進步，反而讓你難以甩開壓力。其實，有時候活著不須如此用力，不如好好地享受生活吧！

選擇 D 的人，抗壓指數 30%

你總是第一時間選擇逃避，不願面對問題。但就是這種享受第一的鴕鳥心態，讓你常在放縱過後，才發覺事態嚴重，即使當下後悔莫及，下次又重蹈覆轍。建議你處事按部就班，就能降低壓力累積的可能性。

適切衡量自己的能力，你畢竟不是超人

人生如同揚帆航海，因為害怕迷航，所以我們時刻戒備，不敢大意。

例如：當你花費一年時間認真投入論文撰寫，好不容易印製成冊之際，隨手翻閱時，卻突然感到：本來很滿意的論文，卻越看越不對。

你和業界聞名刁鑽的客戶碰頭，本來感到大事底定，最後卻又不放心地想：雖然客戶最後點頭讚許，但在我提案的過程裡，他的眼裡曾閃過一絲疑慮。

你很看重自己的事業，常常在放假時陷入這種無法全然放鬆的疑慮情境：我好不容易休假，卻每隔二十分鐘就忍不住打開電子郵件收信，檢查自己的手機，唯恐公事沒有及時處理。

無論你是正在擁擠的通勤人潮裡、埋首成堆的卷宗裡，或是行色匆匆的人群裡，請你偶爾深呼吸，試著傾聽自己的心，那些害你疲倦難受的壓力，真是源自於外在，還是自始至終都是你在束縛自己的心？

透過前一章，你已經鎖定了自己的執念來源，知道當自己遇事太過在乎時，缺憾便格外顯眼，處事就容易鑽牛角尖。從這章開始，我們會學到，其實有時候輕鬆的掌舵人生，才能瀏覽沿途的風光，把事情真正做到最好。所以適時地掙脫吧！解除你不切實際的自我期許，告別遇事慣於鞠躬盡瘁的自己。

唯有正確判斷自身的能力，不高估也不看輕，你才能妥善使用它，輕鬆掌握生命的節奏。

平凡有什麼不好

對許多人來說，自己能否被旁人貼上「聰明」的標籤很重要。在這樣的認知基礎下，你認為自己做的每一件事都能展現自己與他人的程度之別。例如：你能否快速解決廠商臨時捅出的差錯、你能否俐落解決小孩無法獨自完成且期限很趕的作業、你很在意自己是否機智風趣、是否展現出多才多藝的一面等等。因為你認為外在的表現決定自己是一個傑出或平凡的人，而你害怕當個「平凡人」。

然而，平凡有何不好？並不是每個人都適合承受驚滔駭浪的命運，假若平凡如己，卻能將日子過得風平浪靜、與世無爭，何嘗不是一種小確幸？

當你為了證明傑出不凡，可能會期望自己連日常的小事都達到理想標準。例如：你要求住處必須隨時保持樣品屋般的整潔，才不怕人們突然來訪，以為自己是個懶散之輩；為了樹立專業形象，你可能對穿著打扮也十分嚴謹，因為能否帶給別人與職銜相符的印象很重要；你不僅得發展事業，也得照顧家庭，但又不允許自己因蠟燭兩頭燒而展現疲態，因為你覺得能力強的人就應該事事兼顧，處事姿態優雅。

正是因為你打從內心如此排斥被當成「普通人」，易使你對結果的得失反應過於極端——若做不到最好，那我就什麼也不是——讓自己陷入「不是第一，就是零分」的困境。

剛經歷喪母之痛的泰絲近日決定轉換工作跑道，踏入新聞業。一日，她突然在主管面前掉下挫敗的眼淚，心生「原來我的能力這麼差」的念頭。但是，其實她在新工作上的表現不俗，不僅準時交件，這段期間也沒有出現任何差錯。原來，泰絲的自責是因為她沒有達到自己的嚴苛標準：「光是零失誤是不夠的，以我的程度，明明可以表現得更好！」

不過，主管能理解泰絲這陣子因為母親的逝世而傷神，安慰她別想太多，並說：「你的表現不失水準，已經很不容易了！」

泰絲搖頭否認道：「那是我的私事，我不應該讓它影響我的工作表現。」

雖然這也不無道理，但因為沒有達到自我標準，泰絲就全盤否認自己的工作成果，使得她產生「自己一無所成」的錯覺。

但泰絲真的是一無所成嗎？在主管心中，她顯然已經表現得比同儕更為冷靜與理性，能力也更突出。

別逼自己一次到位，因為一蹴可及的成就並不長久。在你付出努力之後，不管結果如何，請你重視自己在這段過程裡付出的心力。一旦達不到目標，就完全否定自己，只會打擊信心。自我懲罰的心態無法「持續」推動我們前進，因為心理經不起不斷的自我否定，它的反作用力太強，不僅會令我們意志消沉，還會使我們看輕自己。

告訴自己：「做最好的自己，我不必非得成為最優秀的那一人。」

別老是挑戰不可能

「挑戰不可能。」原是相當勵志的一句話，然而，當我們錯估自身能力的極限時，壓力就無法激發潛力，反而使我們崩潰沮喪，對自己極度不滿。

要記得：你不是超人。

如果我們訂定的目標過於遠大，可執行的時間又太緊迫時，我們只是在替自己製造麻煩，而非解決問題。

文森是一位程式設計師，因為國內經濟不景氣，公司的發展亦陷入停滯期，所以他感到惶恐不安。近來，他在社群網站上看見昔日的同窗考上公職後，生活穩定，文森心想：「過去我的成績比這位同學好，他既然能考上，我又有何不可呢？」於是文森馬上到一家公職補習班報名課程。

當時負責課程諮詢的課務問他：「您目前在職，有打算辭掉工作備考嗎？」

文森忖度片刻後回答：「沒有，我想當兼職考生。」

課務看了看文森的職業，又問：「不過您是程式設計師，工作一定很忙吧？」

文森信誓旦旦地說：「念書對我來說不是問題，我可以擠出時間看書跟上課，我相信自己只要花一年的時間就能考上了。」

一年後，繁忙的工作讓文森常常蹺課，因此他當然沒有達成夢想。確實，以文森的學習能力，若有時間預習與複習所學，考上公職絕不是問題，但是他卻忘記，自己現在的記憶力早已不如學生時期，又嚴重錯估時間的許可性，才會導致失敗。最後還以此失敗的後果，替自己歸結出：「原來我沒有自己想得那麼優秀」的錯誤結論。

倘若我們如同文森，一開始就建立錯誤的假設，又以錯誤的成果來評斷自己，不是在創造一個自我否定的陷阱給自己跳嗎？譬如，若我們從沒跑過馬拉松，卻又期望一周後能在比賽裡奪得頭彩，那已脫離自我挑戰的程度，而是讓自己落入強人所難的困境中。

或許你想得沒有錯，能力優秀的人執行工作時會比較省時省力，但別忘記，優秀的人處理事情也必須耗神費時。所以，我們應該先客觀分析並判斷自己的能力之後，再審視自己的身心狀態，最後才訂定一個能夠達成目標的合理時間規劃。並別忘了運用時間管理的「八十／二十法則」，替自己留點餘裕。建立正確的處事前提，才不會因勉強從事非己所能之事，而一再遭受失敗的精神打擊。

只要你審慎衡量自己的能力，大腦就不會因為「挑戰失敗」而滋生自卑的執念。所以現在開始，當你要投入一件事前，試著先訂下一個寬鬆的期限，並將自己的進度記錄下來，再逐步評量改進。切勿急躁，用做實驗的態度，幫自己一步一步找到能力與目標之間的平衡。

思路轉個彎

因為周遭人都比你優秀而感到焦慮時，請這樣想：

當身邊的人比你優秀，代表你能夠獲得許多寶貴的學習經驗，這些人可作為你的人生導師，助你持續進步。就像「如果你是樂團裡最好的樂手，你應該馬上換一個樂團」的道理，你不用當群體裡最優秀的那一人，如果你是最優秀的，反而代表這個群體裡已經沒有你可以學習看齊的對象。

「不要以你達成什麼成就來衡量自己，而是以你的能力來衡量自己。」

——美國籃球教練，約翰．伍登

世界末日還沒到，事情沒你想得那麼糟

霍依斯．葛雷西是美國的傳奇格鬥士。有一日，記者向他提問：「你來自巴西最有名的柔術世家，上場時會不會擔心自己『萬一輸了怎麼辦』？」

霍依斯笑了笑，搖頭回答：「我爸爸從小教我柔術時，都會拿五塊錢放在旁邊，假如我贏了，勝利就是我的獎勵；萬一我輸了，至少可以得到那五塊錢。」

好勝之執念的成因很多，在前一章裡主要談論的是我們對失敗的恐懼不安，以及害怕失敗帶來的尷尬羞愧。然而，我們除了拋開「失敗恐懼感」之外，現在開始要更進一步培養輸得起的氣度，並積極地從失敗中挖掘益處；當我們能夠心平氣和地從失敗經驗裡學習，反而能成為競爭的優勢，進而鼓勵自己：「我的人生有如倒吃甘蔗，定會漸入佳境！」

跌倒了又怎樣？

英國奇幻小說家J.K.羅琳因《哈利波特》系列小說聞名世界。當羅琳女士受邀於哈佛大學的畢業典禮演講時，她挑選了兩個主題。其中之一，便是她從自身經歷裡感悟到的「失敗的好處」。

羅琳女士在大學畢業後的七年裡，因為經歷一樁短命的婚姻，而成為一個單親媽媽，她形容自己當時的失敗程度達到「史詩規模」，只差沒有無家可歸。依照社會的價值觀，這樣的一位年輕人無疑是個失敗者，甚至連羅琳女士都這麼定義自己。

當然，羅琳女士的演講主旨，不在於陳述這段彷彿永無止盡的黑暗經歷，而是，這段可怕的失敗為她帶來什麼好處。她說道：「因為失敗將那些非本質的東西剝離了。所以我不再偽裝自己，我就是我，直接把所有精力放在對我最重要的創作上。」

因為其他人生層面的失敗，讓羅琳女士決心要在寫作的領域裡成才。

羅琳未曾因失敗的恐懼而對自己的夢想打退堂鼓；相反地，失敗使她獲得從所未有的自由與內心的安定，因為她發現，自己最害怕的情況已然發生，但她不僅越挫越勇，仍擁有一個深愛的女兒、一台舊打字機和一個精采絕倫的故事構想。直至跌落谷底，羅琳才發現，原來，她的意志力比自己想像得更堅強。

其實，羅琳女士分享的，正是我們因為害怕失敗而可能忽略的益處。如果我們的一生無法避免大大小小的失敗，為什麼不試著從中得到一些好處呢？畢竟，每經歷一次失敗，我們就能更加了解自己，而這份領悟將永遠屬於我們，想忘掉都難。

《今日美國》的報紙創辦人，艾爾努哈斯的自傳裡這麼寫道：「有些父母擔心子女可能會失敗，我則擔心孩子到三十幾歲還不曾失敗過。如果他們二十幾歲時，沒有從小規模的失敗經驗裡學到教訓，就不可能得到日後大規模的勝利。」

我們會希望孩子跌倒後，能自己勇敢地爬起來，因為我們知道挫折能提高他們的生存力。如果對待孩子尚且如此，成年的我們怎麼能被人生路上一時的摔跤而打敗呢？當你遇到挫折時，別忘記，真正的勝利得先經歷一連串的痛苦，而你從失敗中學到的教訓，將使自己更加強壯，得以抵抗更大的風雨。

丟棄「自己嚇自己」的想像力

「想像力就是你的超能力。」是鼓勵人們發揮創意的著名廣告台詞。然而，當我們被執念綁架時，豐富的想像力卻會引起不必要的恐慌，使我們坐困愁城。

艾琳是家族的驕傲，從小她的表現就非常優異，而年輕氣盛的她剛到一家競爭激烈的律師事務所任職。明天，這位眾人注目的超級新星即將上法庭打她的第一場戰役。一想到這是自己的初次亮相，艾琳就緊張得徹夜難眠，恐怖的念頭彷彿病毒，快速地在她的腦海裡擴散。

艾琳心想：要是她的表現不夠優秀，像是結案陳詞不夠漂亮，舉證不夠明確，就會帶來一串衍生的禍患。她在心中演繹著這個劇本：「如果我打了敗仗，事務所將難以再重視我，甚至認為我並非一個出色的律師，我會被後起新秀比下去，最後可能被革職。然後，我會因為失去經濟來源而精神萎靡，男友因而看輕我，甚至投入他人的懷抱。更何況，如果我沒辦法再找到這麼好的工作怎麼辦？我將辜負父母的期待、弟弟妹妹的尊敬，我會成為家裡的米蟲，人們會暗地裡嘲笑我。喔，天啊！」

一連串的精神轟炸讓艾琳對勝利更加執著，即使過程中出現一點小失誤都會讓她抓狂，因為對她來說，這一點小失誤會導向災難性的後果。然而，事情真會那麼嚴重嗎？其實艾琳無法斷言，因為事情根本還沒有發生，不是嗎？反而是這種大禍臨頭的豐富想像力，更有可能使她屆時表現失常，造成真正巨大的傷害。

當你像艾琳一樣，被「蝴蝶效應」般的想像牽著鼻子走時，請退一步看待腦中的沙盤演練。以艾琳的案例來說，她可以靜下心審視「打敗仗」與「公司否認我是一位出色的律師」之間是否有必然的因果關係。其實一位出色的律師也可能會輸掉官司，而且就算她此次沒有成功，不見得接下來的官司就會場場戰敗，這根本是自己嚇自己。

而且艾琳災難性的「推論」，都與她此次官司成敗的關係薄弱。她實在太扯了！

所以，如果你曾陷入雷同的困境，請你告訴自己：「天不會塌下來的，我真的想太多了！」並且持續阻止腦中荒誕不經的推論。一旦你實事求是，未來成功的空間將於焉成形。

思路轉個彎

當自己因為壓力破表而開始編織慘劇時，你可以試著這樣做：

請你先把剛才所能想到的最糟糕情節寫出來，因為把佔據腦海的思緒寫出來，有助於清空你的腦袋。緊接著，請你轉而想想，如果一切事情都很順利，最棒的發展又會如何呢？現在，你已知道了最壞與最好的可能，那麼你沒時間繼續編織劇情，應該開始設法防患未然，事前做好應對阻礙的功課。既然你已開始採取行動，結果一定會更偏向美好的結局。

「失敗沒什麼大不了；欺騙自己才需要膽子。」

——英國喜劇演員，查理・卓別林

提升自我認同，剪斷對他人的依附

在第一章裡，我們曾討論到，過度在乎別人的評價，將失去自我，忽略自己真實的一面，忽略自身真切的需求。這篇中，我們要解決「需要被需要」的依附問題，以協助你建立良善的自我價值觀，逃脫過分在乎他人想法而造成的執念。

「需要被需要」即是一種為他人而活的生命模式，因為想要得到「我是被他人依賴且被重視」的感受，你可能常在群體裡或關係中，擔任照顧者的角色。

舉例來說，有些父母即使嘴裡氣呼呼地唸著：「你怎麼這也不會」、「沒有我，你該怎麼辦」，但還是主動地替孩子打理生活的大小事，因為他們喜歡「我的孩子果然還是需要我」的感覺，這讓他們覺得自己在孩子心中還是很重要。

不可否認地，我們都希望能被他人重視。然而，一個擁有健康心理的人，不會因為渴望被重視，而完全以他人為生活重心，甚至犧牲自我的生存空間。現在開始，只要多一點的自我認同，你會發現人生的視野變得更開闊。

多一點的自信，你就能奪回人生的掌控權

瑞秋是一位研究助理，近來她撰寫的論文因觀點新穎被刊登於期刊上。這天，她雀躍地來到研究室，滿心期待同事們的道賀。但是，同事們只是一如往常地與她打招呼之後，隨即埋首進行研究，完全沒有人提起瑞秋的論文被刊登一事。

「難道是大家覺得我寫得不夠好，論點薄弱嗎？」她忍不住在心裡琢磨，於是自我懷疑的想像彷彿細胞分裂增生，開始在她的腦海裡蔓延。

瑞秋越想越沮喪，不免嘆了口氣。就在此時，一位同事經過，見到瑞秋嘆氣的模樣，突然想起什麼似地說道：「對了！我都忘記恭喜你，我在期刊上看到你投稿的論文了，真的很精彩呢！」然而，此時的瑞秋已無法相信同事的稱讚是發自真心，反而

認為對方只是在安慰她。

尋求他人的認同是人類的天性，是人們積極向上的動力。不過，當我們把他人的認同視為自我價值的唯一依據，我們的人生便開始偏離正軌。如同瑞秋，若是沒有得到如期的稱讚，她第一時間就會質疑自己，並且對遲到的讚許保持高度懷疑。你也跟瑞秋一樣缺乏自我認同嗎？

比方說，日常相處時，你會不停地觀察他人的神情，不斷地從他人的反應裡尋求認同與回饋，時常因為他人沒有給予回應，而動搖信心，甚或是產生更極端的想法——「對方是否不重視我」或「對方是否看不起我」。於是，總認為自己不夠好的你，日漸放棄對自己的掌控權，放棄自己的原則或想法，把自我存在的意義交到其他人手上。

想要成為自我的主宰，不再為他人而活，我們可以從肯定自己開始。一個肯定自己的人，才不會放棄自己的價值觀而去迎合他人；一個能保有原則的人，才不會依照他人的準則去生活，導致久而久之忘記自己的原貌。

然而，我們該怎麼做，才能肯定自我，又不至於過度放大自我呢？有一個很簡單的方法，那就是在尊重他人的同時，適時地展現或表達自我。

無論你是身處於哪一個團體中，請嘗試主動提出自己的需求，不要被動地等待別人詢問你的意見。適時提醒自己，只有你說出自己的想法後，別人才會知道你在想什麼；唯有發聲，你的聲音才會被聽見，別人才有機會將你的想法納入考量。一旦你察覺自己的意見慢慢受到他人重視，自然而然也會產生信心。

簡言之，主動表達自己的想法有助於提昇自我認同，在這個過程中，你對自我的認知也會越來越清晰，不會隨著他人的反應而讓心情隨意起伏，或是一味地依附他人的想法而失去主見。唯有你認同自己，才能奪回人生的掌控權。

過分自責，是對心的惡意攻擊

要剪斷你與他人的依附關係，除前文提出的建立信心之外，你還必須尊重自己，停止美其名為「自我反省」，實則是「過分自責」的行為。

因為一個尊重自己的人，才能得到他人的尊重，才能被視為一個獨立且值得重視的存在。當你願意花點精神傾聽自己的心，才能察覺內心真正的需求，並且適時地滿足它們，而且透過這個過程，你將能一步一步地敞開心胸，接納自己，找到前所未有的心靈自由。

然而，要特別注意的是，「尊重自己」與「自我中心」是有所不同的。「自我中心」的人，是以自己的觀點為一切的標準，不願去體會他人的感受，因為他們認為唯有自己的感受才重要。而且「自我中心」的人總是有強烈的孤獨感，他們常以隔岸觀火的眼光批判人事物，與眾人之間更有道難以跨越的鴻溝。

「尊重自己」則是接納自己，也接納他人；「尊重自己」是對自己負責，而不是讓自己任性妄為。

所以現在開始，我們要建立與自己的親密關係，並且善待自己的心。舉例來說，人們時常因為對外在的關注而壓抑自己的生理需求或心理需求。所以，請你好好照顧自己，即便獨自一人為了實現夢想而離鄉背井工作，也要用心準備自己的每一餐；一旦你感到精神疲憊，就一定要好好休息，婉拒他人的邀約。別忘記，在不傷及他人的前提下，你的感受更重要。

接著，別因他人一時的反應而過度扭曲自我。比方說，一日，你終於訂到一家朝思暮想已久的餐廳，興奮的你先行前往，在餐廳等待情人赴約。沒多久，情人一臉氣呼呼地走進餐廳，沒好氣地說：「你怎麼找這家店啊？擠得要死，氣氛這麼差，怎麼好好吃飯？」

因為對方沒來由的責怪令你不安，於是連忙安撫他道：「別生氣、別生氣，那我們要換一家餐廳嗎？」

「我沒生氣，算了！坐下吧，既然都來了。」對方的回答相當刺耳。

你忍不住心想：我都已經好聲好氣地詢問你的意見了，你還想要怎麼樣？

當你已壓抑了自尊，任勞任怨地為對方付出時，對方不僅不感激你，還回以責罵，再怎麼淡定的人，不免也會產生好心沒好報的想法。但是過度扭曲自我的方式也會讓你的內傷更深，以至於就算「你的語氣一定要那麼差嗎」與「我做錯了什麼嗎」

的不悅念頭閃過腦海，你也不敢說出口，而再度陷入自我壓抑的惡性循環中。

　　這種時候，請你立刻告訴自己：「這不是我的錯，我不需要承擔對方的負面情緒。」拒絕再度惡意攻擊你的心。然而，「這都是我的錯」是一種無緣由的自責，如果想徹底拋開它，建議你每天挪出時間，整理自己當天接收到的外界訊息，並且客觀地分析檢討它們帶給你的感受，藉以解開自我怪罪的死結。

　　而懂得「尊重自己」的人不會為他人的惡意批評而動搖，因為當你對自己有清楚的認知，你就有能力判斷他人的批評是否中肯，有能力篩選哪些是對你有益的意見、哪些是無益的中傷，並且能以持平的心態聆聽對方的言論，包容對方的惡意，達到讓人敬重的高度與氣度。

　　因為你對自己的關愛，能讓你更了解自己，進一步培養你的洞察力與判斷力。那你就再也不是一個依附他人的應聲蟲，反而藉由建立與自己的親密關係，提高自我價值，達到心靈上徹底的獨立自主。

思路轉個彎

當別人的要求讓你左右為難時，你可以這麼做：

要優先尊重你的心，所以請詢問它的意見：「我真心想做這件事嗎？」

接著，評斷這件事是你能力所及嗎？是否違背你的原則？如果既非你能力可及，又違背你的原則，你為什麼要接受呢？再進一步問自己，對方的要求只有你能替他完成嗎？如果對方有權利要求你，你為什麼要剝奪自己拒絕對方的權利呢？

「當我們讓自己發光，無意中就是希望別人起而效尤。當我們能從自己的恐懼中解放出來，我們的存在自然也會解放他人。」

——美國作家，瑪麗安娜．威廉森

接納無法改變的現實，解放你自己

我們常為得不到的事物嫉妒，為已逝的感情懊惱，為我們無力改變的事情遺憾。但是事情已然發生，縱使我們有再多的嫉妒、懊惱與遺憾，也無法使時光倒流，讓一切重新來過。

因此，不如接納現實，以寬容的襟懷去包容一切，化苦痛為成長的動力，反而能成就更美好的自己。

如同一顆飽滿的珍珠，最初只是一粒落入蚌殼內的砂。因為可憐的蚌受到刺激，卻又無法將砂排出，所以必須面臨兩個抉擇：

蚌可以不停地唾棄和排斥這顆異物，但是這不僅無法解決問題，更會害他成日鬱鬱寡歡；或是接納砂粒，與之和平共處。即使一開始蚌會感到難受，但終有一天，砂粒會被他磨成一顆璀璨圓潤的珍珠。

一如聰明的蚌，如能學會接受生命中那些我們無力改變的事情，它就有機會成為生命裡最美麗的一部份。

培養敏銳的判斷力，甩開事後的懊惱

《論語．微子》中寫道：「往者不可諫，來者猶可追。」意指過去的事情已經發生，我們再怎麼眷戀，也無法挽回，我們唯一可以把握的只有未來。所以，想要甩掉懊惱的情緒，我們就必須找出導致懊惱與後悔的根源，從過去的錯誤裡學習，停止重蹈覆轍。

一般情況下，我們會後悔，是由於自身的判斷力不足，忽視問題的嚴重性，以至於做抉擇時，沒有考量到必要的預防措施。或是源於我們盲目的樂觀，認為事情走一步算一步也沒有問題，以至於時常陷入東補西補與慌不擇路的困境。

想要停止以上惡性循環，最好的方法便是培養敏銳的判斷力與謹慎的心，協助我們做出最合適的決定。不過，一旦做出決定，就應該勇敢承擔。選定離手，對輸贏淡然，這不就是人生嘛！

舉例來說，青青想要賣掉現有的房屋，目前卻只有一位買家的出價勉強可接受，所以她有些猶豫。但是後來買家告訴青青近來的房價走勢，並不會有人再提出更優渥的價格。因此，對青青而言，這實在是機不可失。於是她就將房屋售予這位買家。成交幾日後，青青卻從售屋網站上發現，她其實可以賣到更好的價錢。

判斷力是來自於我們自身經驗的累積。正是因為青青缺乏經驗與相關情報，所以才會輕信買家的話。我們每一天都會做出各種大大小小的抉擇，只要我們透過觀察、不斷練習與累積經驗，就能減少判斷失準的情況。以青青的案例來說，如果她事先有做功課，調查附近的房價，就不至於做出後悔莫及的決定。

決策後，你可以替自己的心打支預防針。先問自己：「我做的這個抉擇會帶來什麼樣的後果？」接著，告訴自己：「結果若是美好的，我當然很高興，但結果若是不如預期，我也會坦然接受。」如此一來，即便事情的發展不如原先計劃，你也能甩開懊惱，繼續往前邁進。

以激勵自己，代替因他人而眼紅

泰爾瑪跟露易絲是外文系的同學，因為兩人的興趣與愛好相投，所以彼此約定畢業後要到同一家公司工作，相互關照。可以想見，當時兩位女孩的友情是多麼堅定。

兩人踏進職場的第二年秋天，公司為了佔領市場與擴大產品外銷，決定在英國倫敦駐點，並外派兩位英文流利的人才。得知這個消息後，英文系畢業的泰爾瑪跟露易絲自然都很興奮，認為自己被選中的機率非常高。

然而，人事調動命令公布後，泰爾瑪不由得感到錯愕，因為兩人之中只有露易絲雀屏中選，另一名外派人員則是其他部門的同事。

得知外派結果的這一晚，泰爾瑪煩悶得徹夜難眠。不知不覺中，她想起自己在大學期間的各方面表現都比露易絲優秀，進入公司之後，她也自認工作能力不比露易絲差。那麼，究竟為什麼被派駐倫敦的人不是自己呢？

最終，泰爾瑪得出一個結論。露易絲親和力高，而且說話時總是面露微笑，所以在公司頗得人心，常和各單位的同事說說笑笑，在人際關係這方面，她確實遠不如露易絲。

「但是公司如果真的以此作為篩選標準，那實在是有失客觀！」泰爾瑪心想。

當泰爾瑪越是鑽牛角尖地探究自己究竟還有哪裡比不上露易絲，對露易絲的嫉妒之情就越來越強烈。於是，一連幾周，泰爾瑪食不知味，夜不安枕，這種由嫉妒帶來的不安情緒，直到露易絲赴倫敦的三個月後才逐漸消失。然而，這段期間內，這股妒火已經影響兩人多年的友誼，也嚴重影響泰爾瑪的工作績效。

俗諺有言：「人比人，氣死人。」心胸狹窄，總讓我們想不開。

換個角度想想看，我們會發現泰爾瑪的心之所以被嫉妒侵蝕，是因為露易絲得到了泰爾瑪想要的機會，使得她產生一種「失去」的錯覺，而且是露易絲「害」她「失去」這個機會。

你也曾經陷入跟泰爾瑪雷同的情境嗎？

例如：你本來認為某個職位是你的囊中物，結果後來卻是另有其人坐上這個職位；你有一位心儀已久的對象，沒想到半路卻殺出一個程咬金，追走你的夢中情人。

想要擺脫這種心境，我們可以試著轉換「失去」帶來的負面觀感。比如說，轉而告訴自己：「塞翁失馬，焉知非福。」開導自己這個世界裡仍然充斥著機遇，所以絕對還有另一個機會正在等著我們，上帝會為每個人做出最好的安排。以此培養自己灑脫的心態。

最後，請你試著祝福對方。

雖然你可能認為以能力來說，你絕對比對方更值得擁有這份工作、這段感情、這份榮耀，但或許是你一開始就低估了對方的能耐。一旦你多去理解他人背後的努力與付出，並且用他們的成功來激勵自己，你遲早也會走出一條屬於自己的路。

思路轉個彎

當你感到妒火中燒時，可以這麼做：

請你當一名旁觀者，以其他人的角度重新解構自己的處境。畢竟，在你嫉妒別人的同時，說不定也有人正在嫉妒你呢！何不從他們的角度，來看看你擁有什麼呢？有些人擁有豪宅，卻沒有體驗過家庭的溫暖，而你雖然收入普通，卻擁有幸福的家庭。藉此提醒自己「比上不足，比下有餘」的道理，你就能打從心底接受現實。

「憎恨是積極的不快，嫉妒是消極的不快。所以嫉妒很容易轉化為憎恨，就不足為奇了。」

——德國作家，約翰·沃爾夫岡·馮·歌德

以你的真心相待，用信賴消滅掌控欲

某天，琪琪從皮包裡掏出手機，看到未接來電後，有些緊張地說：「糟糕，我沒接到男朋友的電話。」

米契爾是琪琪的男朋友，三不五時就打電話查勤。

起初，琪琪為省去麻煩，甚少獨自出門，但不知不覺中，她不僅行動受限，朋友圈也變得越來越狹隘，這樣的戀愛簡直讓她痛苦窒息。

我們內心的不安全感，易使自己成為控制欲的人質；我們對他人的不信任，易使自己被佔有欲綁架。

害怕失去的不安全感隨時在恐嚇米契爾，所以為保護自己的心靈不受傷害，他才處處制約琪琪。但是長久下來，米契爾的不信任反而使他真的失去琪琪的心，惡夢成真。

像米契爾這種過度保護自己心靈的行為，只會讓許多磨擦衝突趁隙而生，反讓人們拒我們於千里之外。所以我們不如卸下心靈的防禦機制，主動以真心相待。你會發現，信賴對方，反而會讓你們之間的關係更緊密。

無法甩開控制的念頭，暗示你的心已經失控

我們會替電腦系統加裝防毒軟體，以隨時隨地擋住任何潛藏的病毒威脅。這種「合理的管控」，能保證電腦系統的安全。人心亦同。當我們想護衛自己不受傷害時，也會出現各種「管控」的行為。

例如，父母會因為孩子不在身邊而感到不安，所以要求孩子選一間離家不遠的學校就讀。或是，大賣場裡，小孩透過哭喊，企圖控制父母替他購買玩具。

「控制」的型態千變萬化，它可能是以威脅的形式出現，可能是誘惑，可能是獎勵，但無論是哪一種，目的都只有一個——尋求「安心」。

所以我們才會不斷地被極端的控制欲驅使，極力想主導事件的發展方向。因此，

當我們每分每秒都想透過控制來安排一切時，不正代表自己的心已經「失控」了嗎？

但是，透過「控制」達到的安定效果實在有限，而且僅是治標不治本。因為在我們試圖「控制」的過程裡，將不斷地遇到反抗「被控制」的行為，所以這只會讓我們倍感痛苦，無法解脫。其實解決之道很簡單，我們不妨反過來想辦法建立對他人的信賴感，就能突破自己想掌控一切，卻又總是失效的窘境。

比方說，你是一位身負重任的主管，因為害怕員工捅出簍子，所以不管什麼專案，你都緊迫盯人、事必躬親，結果累出一身病。那麼，你可以先從比較不急迫且重要性不高的案子開始，放手讓下屬執行。

不必操之過急。從你尚能接受，且心靈不會感到威脅的地方著手，一步一步釋放自己的控制欲，在建立安全感同時，也慢慢累積你對下屬的信賴。你會發現，下屬反而會因為你的信賴而加倍奮進！

最後，下屬的工作能力已上軌道，甚至青出於藍。你再也不需要透過控制的手段，也能感到安心無虞。

真誠待人，就能拉近心距離

《韓非子》裡寫道：「巧詐不如拙誠。」

真誠是人與人之間相互信賴的基礎，只要你主動打開心房，就能替自己建立良好的人際互動關係，並從中獲得安全感。道理很簡單，因為你希望從他人身上得到安全感的同時，他人也會有同樣的需求，所以與其默默等待對方釋出善意，不妨由你來主動出擊！

當然，以真摯的心待人，代表你必須以自己真實的一面跟大家相處，不必口是心非，也不必使用任何手段。所以，不可避免地，你必須將一部份的真實自我展露在他人面前，而這總是會讓人感到不安。但是請你別擔心，因為用真心付出之人，定能得到回饋。

錢德勒是社會新鮮人，他在新公司的前三個月裡，認知到：自己直腸子的個性會帶來不必要的麻煩跟衝突，所以錢德勒漸漸地學會講客套話，隱藏他真實的想法，拒當職場白目。

一日，錢德勒在茶水間遇見前輩李察，兩人有一搭沒一搭地閒聊。當李察問起錢德勒周末是否有空閒時，錢德勒想也沒想地就說：「我這周末沒什麼事。」

李察一聽，高興地說道：「太好了！我周末要去聽莎拉．布萊曼的演唱會，想找個人陪，既然你有空，就跟我一起去吧？」

因為已經先表明自己當天沒有行程，所以錢德勒感到騎虎難下，只好欣然答應。李察還雀躍地補上一句：「你不會覺得勉強吧？」

錢德勒為免尷尬，於是回答：「怎麼會，我也喜歡莎拉．布萊曼的歌聲。」嘴上雖是這樣說，錢德勒心裡可不這麼想，他壓根對這位歌手一點興趣也沒有。

周末的演唱會結束後，李察意猶未盡，興奮地問錢德勒：「這場演唱會簡直棒透了！怎麼樣？你也覺得不錯吧？」

錢德勒附和道：「太好聽了，謝謝你邀請我來啊！」

因為這個「善意的謊言」，從這天開始，錢德勒與李察正式成為好朋友。但是「善意的謊言」仍是「謊言」，並非錢德勒內心的真實想法，所以一年後，錢德勒就把這些事拋諸腦後了。這回，隔壁部門的同事在跟錢德勒聊天時，突然提到：「我有一張莎拉・布萊曼演唱會的票耶，你要嗎？我可以打折賣給你。」

錢德勒回應：「不用了，謝謝，我沒什麼興趣。」

同事一臉困惑地說：「奇怪，李察說你很喜歡她啊！」

假象就此被戳破，當錢德勒的話傳到了李察的耳裡，得知真相的李察覺得自己似乎根本不了解錢德勒，於是一股不信任感油然而生，從此以後，李察對錢德勒的言談都抱持著高度懷疑。

雖然有時候我們撒謊是出於善意，是出於「以和為貴」的考量，但是「誠實以對」才是人與人之間長久的相處之道。因為人們的信任得之不易，毀之卻輕而易舉。更何況人在說謊時，會因愧疚或怕謊言被拆穿而感到焦慮且缺乏安全感，只是徒增心靈的煩憂。

既然如此，我們不如用真摯的態度待人處事吧，藉此讓心不再需要因為隱藏真相而惴慄不安。真誠的能量就如同微笑一般，當你主動給對方一個笑容，讓他人感受到你的善意，你也會得到相同的回饋，正面的能量就會開始循環。

接著，你可以避免粗魯的言談舉止、理直氣壯與油嘴滑舌的行為，因為這些都是負能量滋生的前兆。唯有自然、自在的相處模式，對方才會感覺到在你的身旁，他們無須多做掩飾、防護，因此也會對你交付真心。

最後，別忘記不求回報的付出。就像你可以清楚地感知推銷員背後的企圖，如果你與人交往是有所目的，對方的雷達感知到之後，他也會築起防衛的高牆。當你體會到付出的喜悅，就不會在乎是否禮尚往來、緣深緣淺，就能真正地從社交表現的執念牢獄中超脫。

一開始就把自己心攤在陽光下，或許有點可怕，但只要度過前面的不適階段，恭喜你，你的心將無畏外在動盪的風雨，更加茁壯。

思路轉個彎

當你跟他人之間產生誤會時，你可以這樣做：

先別急著解釋，而是以誠懇的態度撫平對方激動的情緒，利用各種方法表達你有心解決問題的誠意。等到對方冷靜下來之後，再解釋誤會產生的原因。如果對方第一時間拒絕你的道歉，也請你不要馬上放棄。最後，經過數次的示好，對方還是不諒解你，那就請你告訴自己：我已經盡人事聽天命，不應該再讓對方的態度影響自己。

「相信所有事都處於正常的狀態，不要抗拒。接受眼前的，放下過去的，對未來要有信心，很棒的事即將發生。」

——美國勵志演說家，索尼婭·瑞克蒂

別管標準答案！沒有教條的世界，擁有無限可能

貝克特的經典戲劇《等待果陀》是描述弗拉第米爾和愛斯特拉岡兩人徒勞地等待果陀，而果陀始終沒出現的漫長過程。最終幕，兩人真等不下去了，對彼此說：「我們走吧。」但說是這麼說，他們還是沒有行動。

弗拉第米爾和愛斯特拉岡正是芸芸眾生的寫照，我們相信一切會有合理的答案，就像他們兩人相信果陀最終會解釋自己為什麼遲遲沒有出現，不知不覺地苦守原則而不肯離開。

當我們信仰凡事都有正確答案，將導致兩個後果，其一，我們會畫地自限，從頭到尾按照一套公式行事，導致思路僵化；其二，我們唯恐習得的招式秘笈不是正確答案，所以遲遲不願意行動。然而，不同的時空有不同的價值觀，所以世上哪有一定的標準解答呢？

無招勝有招，別畫地自限

想解開「人生沒有標準答案」的執念，對許多人來說都是難事，因為我們人生學習力最強的前半段時期，都在課堂上學習唯一正解。我們已經習慣依循前人給的公式，去過我們的生活，因為那樣的人生路途比較平坦，走起來更輕鬆不費力，久而久之，我們也鮮少去思考是否還有其他可能的做法。

例如，前一天晚上你與情人起爭執，於是隔天選擇送禮物彌補對方。當你們一次吵架、兩次吵架，用這個方法都能化干戈為玉帛，漸漸地，你們就會一直依循這個固定模式相處。但是，兩人始終沒有坐下來溝通解決問題的根源，導致爭吵的情形不斷發生，甚至對彼此多了「公主病」、「王子病」的觀感。你看見某位攝影師以高規的器材拍出優秀的作品，於是你堅信精良的設備是通往成功的唯一路數，不斷花錢加強設備，卻忽略構圖、曝光等基本功。以上，都是過度迷信標準答案的盲目作法。

無招勝有招，是作家金庸著作裡的武術哲學。簡單而言，當我們學會一套功夫招式之後，接下來「如何忘掉它」才是決定自己能否更精進的功課。

我們每一個人的性格都不盡相同，旅途上遇到的每個敵人，他們的反應也各有不一，如果只想用一套招式打天下，會難以應對各種變形的問題，或是讓自己甘於受限在只會遇見這種考驗的既定環境。畢竟，路數是死的，人是活的。丟開好學生的包袱吧！人生不是一場考試，不是每種考驗，都有標準的通關密法。

某天，兩位昔日於研究所同窗的老先生相遇，聊起畢業後的人生抉擇。當初，富有文人氣息的老李選擇繼續攻讀博士，另一位精明幹練的老劉則選擇征戰商場，但是他們之中沒有人就此一路順遂。該是奉養父母的時候，老李卻選擇繼續念書，所以他面對家庭總是心中有愧；商場的爾虞我詐，讓老劉經常為求客戶點頭，而奔波勞碌。

如今老李與老劉走過最精華的歲月，也收藏無價的人生歷練。兩人對當初的決定都不後悔，因為他們知道，沒有誰走的路才正確，他們只是體驗了不一樣的人生。

所以，誰說你只有順應前人的步伐，才能到達目標？探求自己的公式，你也能創造出一個與眾不同的答案。

你只是缺乏離經叛道的覺悟

每個人都有茫然不知所措的時候，這時，我們會想聽取別人的建議，幫助自己做抉擇。然而，他人只能輔助你看清一件事情的不同面向，真正做決定的人是你，只有你必須對自己的人生負責，沒有誰應該承擔你任何決策的後果。

霍爾已四十五歲，是一個麵包師傅，父母過世後，就獨自住在小鎮一隅。雖然他從小就夢想要駕駛飛機，飛遍全世界，實際上他從沒離開過自己身處的城市。如果你問他：「霍爾，你的夢想不是開飛機翱翔天際嗎？」他會默默地告訴你，他之所以無法實現夢想，是因為他父親不同意。接著，霍爾會轉頭繼續揉麵團，不再搭理你。

原來，就在霍爾準備離開家鄉的那一年，硬是被父親攔下，並告訴他：「因為你的弟弟已遠走他鄉打拼，所以我希望你能繼承家裡的麵包店。」情勢所迫之下，霍爾只好答應留下。但他內心深處總認為，是因為弟弟的出走，讓自己失去選擇，所以他終其一生都只能當一個鄉下的麵包師傅。霍爾每每想起這個一生中的遺憾，都會心生怨念：「要不是」他的父親、「要不是」他的弟弟，他早就離開這個鬼地方，完成自己翱翔天際的夢想。

你的人生裡也經常閃過「要不是……就怎樣……」的執念嗎？要不是為了孩子，我早就離開這個家；要不是媽媽希望我學醫，我早就選擇美術系，今天開畫展的人就會是我了。

人的一生中有很多時候必須做困難的抉擇，我們看似被逼到無路可退，一定得在至親跟夢想、現實跟理想之間擇一。但真是如此嗎？

更多的時候，是我們沒有為自己人生負責的覺悟，而屈就於別人替我們下決定。人們告訴你，從事藝術行業難以維持你的生計，所以你「不得不」當個上班族；人們告訴你，玩樂團是不務正業，所以你「不得不」放棄當鼓手的夢。其實，無論你選擇哪一條道路，只要內心強大，就可以支持你想要的生活。

畢竟，人生沒有固定的軌道，沒有人真的知道應該怎麼走才正確。只要對自己負責，偶爾離經叛道也沒關係，因為這是你的人生。所以現在開始，用你的覺悟戒掉「要不是」的憤懣執念，內心的正能量就會重新啟動！

思路轉個彎

當你想要找出最正確的選擇，而遲遲無法行動時，你可以這麼想：

想做出最正確的抉擇，你必須掌握世界上所有的事與任何的變化，但這是不可能的。就像下棋，你每移動一步棋，都會增加無數個可能性，你無法確認局勢會往什麼方向走。所以，與其為求一個正確無誤的答案，而遲遲不肯下第一步棋，不如專注於當下，做出一個最適合自己的抉擇。畢竟，永遠不知道未來會發生什麼事，才是人生最有趣的地方，不是嗎？

「人生最美好的一天，是你決定『人生是自己的』那一天。沒有藉口，沒有人可以倚靠、依賴或責怪。人生是你的禮物——它是一段美好的旅程——而只有你能對它的品質負責。這是你人生真正開始的那一天。」

——美國商業講師，鮑勃・莫瓦德

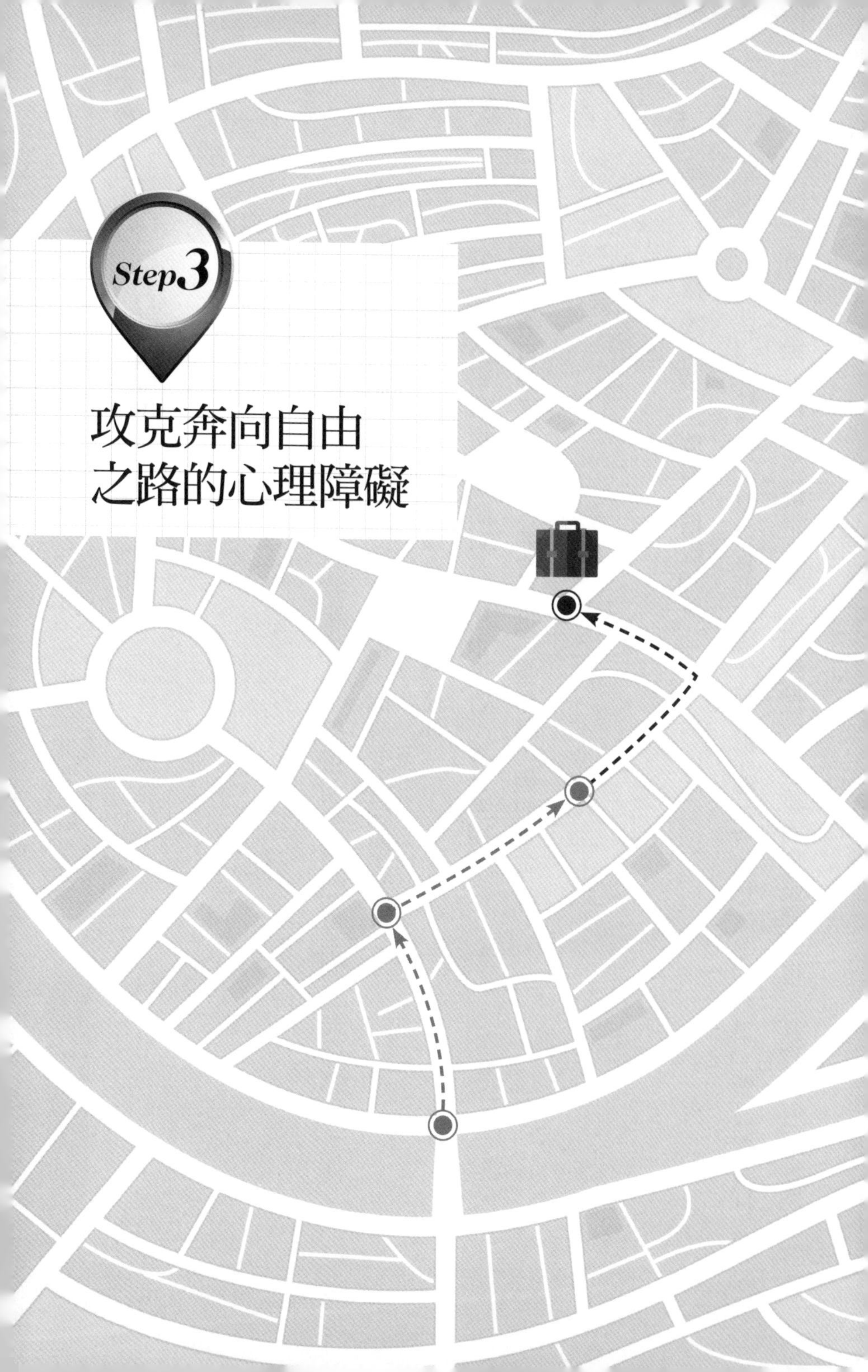

Step3

攻克奔向自由之路的心理障礙

心靈導航測驗

你的心臟強不強？

Q 朋友們想要合作研發新產品，但目前籌畫的資金尚未完全到位，如果他們詢問你的投資意願，你會怎麼回覆呢？

A **你會婉拒出資，但是願意幫忙研發產品**

B **你會公事公辦，並請對方提出企畫書，再作考慮**

C **你會百分之百支持，並會提供一筆頗為可觀的資金**

結果分析：

選擇 A 的人，玻璃心指數50％

你的個性謹慎，但也有點悲觀，因為你總是會預想最壞的結果、做最壞的打算，以免自己遇事措手不及。所以你的外表雖看似堅強鎮定，其實內心感性脆弱，只有親密的人才會察覺。建議你把心放寬，就能將思緒化繁為簡，屆時你會發現，一旦你不再胡思亂想，解決問題會更有效率。

選擇 B 的人，玻璃心指數70％

你是個我行我素的人，平日總是活在自己的世界裡，但是，只要在乎的人遭遇一丁點困難，你就會跟著窮緊張；而且如果自己幫不上忙，你就會特別沮喪。建議你盡情去探索世界，並增加與外界的互動，因為豐富的歷練能讓你更加沉著冷靜，並富有彈性地應對任何狀況。

選擇 C 的人，玻璃心指數90％

你有詩人般細膩的心思，光是一片落葉都會讓你傷春悲秋。即使周遭發生的事與你沒有太直接的關係，你都會有非常大的反應。其實，並非你的心不堪一擊，而是自己賦予萬物太多的意義。建議你藉由創作來抒發內心感受，才不會讓氾濫的情緒影響日常生活的秩序。

將你的思緒化繁為簡，就能剪掉三千煩惱絲

在前兩章裡，我們曾提及「想太多」是造成焦慮的來源之一。所以，面對焦慮，最好的方法便是：一次只處理一件事情，限縮自己胡思亂想的空間。如果你覺得知難行易，可以從「隨手解決眼前的問題」開始練習。

比方說，當你看到書桌上有垃圾，就立刻撿起，並丟進垃圾桶，不要讓自己養成「等一下再去做」的習慣；今日事今日畢，要求自己今天就解決清單上的待辦事項；當你有五分鐘的空檔，就去做五分鐘之內可以完成的事，杜絕因拖延衍生的更多煩惱。

你也可以將「化繁為簡」的做法進一步應用在解決人生的問題上。當你的孩子學業不佳，與其長篇大論地警告這對他的未來有多大的影響，不如回到問題的本質，釐清其中的原因，從你可以立刻改善的地方著手。

如果是因為孩子上課總是昏昏欲睡，以至於無法吸收知識，那就跟他一起解決睡眠不足的問題。

當我們想一次將三千煩惱看盡，只會覺得這些問題密密麻麻且不可勝數，於是越想越傷腦筋。不如啟用放大鏡，將自己的目光縮小，近距離鎖定一根煩惱絲，從它開始消滅起。

以簡單的方法處理複雜的問題

將我們的思緒化繁為簡，是希望我們能以簡單有效的方式，機動地處理生活裡的繁雜事物。一旦問題浮現，我們首先應該專注於找尋解決的方法，而不是停下來東想西想，煩惱問題要是沒有妥善處理，會造成多可怕的後果。要告訴自己：「問題之所以出現，就是上天給我一個面對它、解決它的契機。」

當你選擇正面迎戰，你會發現，在不知不覺中，事情不只一件一件地完成了，問題也一點一點地不見了，因面臨難題而生的焦慮也隨之消散，執念也失去機會在腦袋裡生根茁壯。

所以，即使困難當前，我們只要先把問題簡單化，就能以靈活變通、合理有序的手段，達到解決問題的目的；只要一開始鎖定的方向正確，難題也可以迎刃而解。

日本有個國民必看的電視節目《電視冠軍》，每一集會藉由競賽選出高手中的高手。某一集的主題是選出「水果達人」，而某位參賽者在種植果樹，並等待它開花的過程裡，做出一件令主持人困惑不已的事：他竟然只留下兩、三個花苞，並將其餘的花苞全部剪去。

主持人問：「您剪掉這麼多花苞，不怕水果的產量不足嗎？」

水果達人回答：「因為我的目的不是產量，而是想種出最甜的果實。因此這麼做就能將所有的養分集中於少數的花苞上，反能讓果實得到最精萃的能量。」

其實，人生遇到的諸多難題就像栽種果樹。只要我們從中抓出重點的花苞，並且對它投注大量心力，就能取得最大的成效。

當然，把事情複雜化很簡單，把事情簡單化卻不容易。

還記得學生時代，當我們複習功課時，會使用螢光筆把重點一一標示出來，以方便自己快速複習的方式嗎？此時，有的人可以準確地抓到重點，有的人標註的重點卻不著邊際，打開課本，每一行都是螢光色，有標示跟沒有標示根本沒有差別。可見，「抓重點」具有一定的難度。我們平時若沒有加強腦部的訓練，並培養敏銳的思緒，就難以在短時間裡從龐雜的資訊中看出問題的核心，並找出最簡易、合適的解決之道。

那我們該如何學會掌握重點呢？從現在開始，你可以嘗試獨立思考，盡量減少向他人尋求解答。確實，這種獨自摸索的過程漫長且難以忍受，但只要我們不斷地檢討自己每一次的做法，並且逐步加以改進，漸漸地，我們就能快速地撥開枝微末節，找出箇中要害，並以最有效率的方式處理當前的危機。

設置焦慮停損點，煩惱就此消退

自從法國公開賽奪冠之後，台裔美籍的網球選手張德培就陷入長期的事業低潮，因為他渴望能擁有更亮眼的成績，以至於過度焦慮，影響到自己的表現。

然而，當他跌出世界排名前十名之後，表現卻開始回穩，並在美國賽事中，克服小腿抽筋的險境，扭轉局勢，再度奪得冠軍。憶及當時，張德培說道：「就是因為我當時腳抽筋，讓我知道最壞的情況就是因傷退賽，所以那些害我質疑自己的壓力瞬間消散於無形，打起球來也就越順手。」

張德培身體狀態不佳的逆境，正好替他的焦慮設下停損點，讓他可以把注意力重新聚焦在比賽上，反倒展現出自己真正的實力。

因此，當我們感到焦慮時，不妨主動替自己建立焦慮的底線。我們都知道，當焦慮的情緒難以完全擺脫，刻意壓抑只會讓狀況越變越糟。既然如此，不如開放一段有限的時間，讓自己盡情地焦慮吧！

在這段時間裡，我們可以允許自己天馬行空的胡思亂想。一旦你放縱自己的想像，你也會意識到自己的某些念頭是可笑且與事實充滿矛盾的，而在超越思考的極限過後，你反倒能逐步校正思緒，讓自己與現實面對面，釐清問題的本質。因為你並未刻意壓抑自己的思緒，所以焦慮有了釋放的空間，如此一來，感性和理性便能達到一

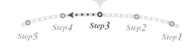

種平衡，讓你可以更輕鬆平和地去解決問題。

美國著名的人際關係學大師戴爾．卡內基在三十歲之前，曾立志成為小說家，並花費了約兩年的光陰，才完成他的長篇著作。但是，當卡內基帶著自己嘔心瀝血寫的稿子來到出版社時，出版方給他的評語是：「抱歉，您缺乏寫作的天分。」

當下，卡內基覺得自己的心臟彷彿停止跳動，他黯然地走出對方的辦公室。不過，卡內基並沒有從此一蹶不振，因為他只給自己一周的時間陷入極度自暴自棄和灰心喪志的情緒垃圾堆裡。一周過後，卡內基告訴自己：「這段時間裡，我已經確實地體驗跌落谷底的感受，是時候重新出發了。」

所以，忍不住擔憂時，請你不要壓抑自己，乾脆為自己設一個焦慮停損點，然後就盡情焦慮吧。也許經過一次、兩次之後，你就會明白，有些事不值得你花這麼多的時間去煩惱，畢竟事況不會因此而好轉。既然煩惱無用，何不直入問題核心，嘗試解決的方法？一旦你跳脫空想，採取行動，這份讓你重新站起的力量，反會讓你在面對人生後頭的風浪時，更無懼、更堅強。

思路轉個彎

因棘手的問題而憂慮時，你可以這麼做：

把心思放在解決問題上，是快速撇開憂慮的最佳方法。首先，假裝遇到這個問題的人不是你，你是在幫助別人解決問題。那麼你就更能有效控制自己的情緒，保持客觀淡定的態度，看待問題中的盲點。看清事實後，問自己該怎麼處理？並從列出的方法裡找出最佳選擇，馬上去做。

「困惑才是焦慮的主因。」

——美國哥倫比亞大學教務長，赫伯特．霍克斯

定期紓解壓力，心就不會輕易潰堤

過度的壓力會害我們身心失調，失去對心智的掌控權，而無法妥善應對眼前的問題。

一旦我們無法應對眼前的困境，原先放開的執念就有機可趁，害我們好不容易已建立防護機制的心再度被打回原形，陷入執迷不悟的循環。

因為，壓力就如同流水，而心就如同水庫，所以我們必須仔細控制水庫的負載量，定期開閘洩洪，才不會因一味地忍耐累積，提高了潰堤的風險，造成生活裡的巨大災難。

簡言之，只要我們學會自行調節壓力水位的方式，適當的壓力反而能提供自己繼續和生活奮戰、繼續前進的電力。

無法驅離壓力，就想辦法管理它

我們的壓力來自四面八方，諸如：社會環境、職場、課業、家庭或是人際關係等等，不可勝數，既然無法完全將它從自己的人生中驅逐出境，不如想辦法馴服它。

首先，我們要清楚認知到何謂「壓力」？壓力，是一種害人們無法正常應對一切的心理狀態。當我們了解這點後，再進一步去思考，假設某件事情使我們備感壓力，卻又無法使它消失不見時，該怎麼做才能使自己妥善應對？

我們可以從減少不必要的壓力來源開始。

有對姊妹打算一起報考公職考試，但考選部公布的錄取率卻出乎意料地低，因此姐妹倆心中面臨著巨大的壓力。但是，即使壓力當前，妹妹仍決定盡快進入備考的狀態，她立刻擬定計畫表，並逐步執行。相反地，姊姊卻一想到超低的錄取率就坐立難安，擔心自己屆時的成績不佳，或是出現妹妹上榜，她卻名落孫山的窘況。於是不知不覺間，她開始用其他瑣事為由，逃避該靜下心來認真念書的時刻。直到距離大考剩下半年的時間，她才趕緊囫圇吞棗式地硬背。結果，因為難以抵抗時間壓縮而造成的

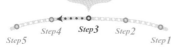

加倍壓力，姊姊最終真的落榜了。

從上述案例來看，面對同樣的壓力來源，妹妹選擇積極應對，以妥善管理時間，來調度自己的壓力，將心理負擔減低至自己能承受的程度；姊姊則是一心想驅逐壓力，以至於出現「裝死」的行為。當姊姊不得不面對現實時，才發現為時已晚，而導致手忙腳亂、回天乏術的情況。

所以，有些壓力的來源是可以事先避免且適時疏導的，而我們對於壓力的處置方式，往往也決定了事情的成敗。

舉例來說，如果你以往在每天早上八點就會坐到書桌前念書，最近卻變成九點半才開始唸書；而且在固定的時段裡，你的讀書效率降低，原本一個鐘頭可以讀完三個章節，變成一個鐘頭只看完一個章節。當你發現自己開始出現難以牢記內容的情形，更因躁鬱而難以專心等狀況時，你就是已經處於超壓的狀態。

此時，請你積極地調適身心，找尋適合自己的放鬆技巧。例如：外出運動、瑜珈、冥想。並且適時向外界求助，跟親友傾訴你的壓力從何而來。因為當我們跟他人對話時，必須先在大腦裡整理自己的思緒，而這個過程有助於我們釐清很多不明確的壓力來源。但如果你一直把壓力關在心裡，它會變得更混亂糾結，更難排解。

最後，別忘記放下「我一定得……」、「我應該要……」或是「我必須……」等等逼迫自己的念頭。以案例中妹妹的情況而言，她即是放開「不成功，便成仁」的執念，不浪費時間去想「我會不會考上」，而是乾脆想「我怎麼做可以考上」，然後直接執行。並從念書的過程中得到吸取知識的充實感，甚至從教條的課本裡，重新找到這些道理之於生活或人生的意義。就算她最後未能考取，這段時間裡的知識反芻對她仍具助益。

不論面對何種問題，一旦你能從應對的過程中，找到其之於自己的意義與價值，而不只是為了獲得什麼成果；一旦你能樂在其中，自然就能甩開超壓的狀態。屆時，就算面對層出不窮的生命課題，你依然會覺得很有挑戰性。

防患於未然，記得保養你的心

有時候，我們逃避的問題，會再以各種形式降臨在生活中。

例如，前文中逃避考試壓力的姊姊，到了職場上，還是遇到同樣的問題。她發現自己明明每天都很認真工作，但辦公桌上的文件檔案卻越堆越多，事情似乎永遠做不完。而隨著工作的截止日逼近，壓力簡直快將她淹沒，但她已經沒有時間停下來處理自己的情緒。漸漸地，她越來越不想去上班，每個星期日晚上都感到痛苦難熬，每個星期一就已經開始期待週末的來臨。她已經忘記自己的目標是什麼，對她而言，工作只是為了混口飯吃。

為什麼她會有這種工作效率越來越差的情況呢？

我們都知道，當人類遇到危機時，體內的腎上腺素會湧現；但當我們面對壓力時，就是壓力荷爾蒙「可體松」出場的時機。

可體松是身體的應戰機制，它雖然可以協助我們對抗壓力，卻是擔當腦內記憶大任的海馬迴的敵人。當可體松的濃度過高時，會傷害我們大腦裡負責記憶跟空間定位的海馬迴部位，甚至抑制免疫系統。所以，長期的壓力才會讓我們感到記憶力衰退，或是生理失調。

因此，在日常生活裡，我們需要時常保養自己的心，遠離負面的塵埃與刮痕。適時提醒自己，就算你的心還有足夠的電量，也不要一直讓螢幕處於開啟的狀態。一旦你有些微疲倦的感受，就立刻休息一下。因為短暫的休息，能讓你的電量更持久。

最後，如果壓力害你失眠，用不著強迫自己睡覺，乾脆利用這些時間從事對自己有益的事吧！無論是伸展筋骨，或是看書充實心靈都可以。只要讓你的心放鬆下來，自然就好入眠。

所以，只要你隨手維護硬體或軟體，就不會因為壓力負載過量，而在關鍵時刻造成系統崩潰！

思路轉個彎

想提高自己的抗壓性，你可以這樣做：

培養規律的生活習慣絕對是第一要素。唯有我們的身心做好萬全的準備，才能與壓力抗衡。所以，平時是否擁有足夠的睡眠非常重要，若腦袋無法正常運轉，我們會更難以應對突發狀況，壓力也會隨之增高。如果睡眠時間不夠，至少要養成規律的生理時鐘，當努力工作時全心投入，當放鬆身心時全心休息，你的心將擁有更多彈性應對壓力的餘裕。

「定時工作並玩樂，讓每天都是充實且快樂的，好好利用時間，藉此證明你了解時間的價值。讓年輕時更快樂，年老時更不會後悔，就能得到一個美麗成功的人生。」

——美國小說家，露意莎．梅．奧爾柯特

克服恐懼，勇於前進就能心想事成

恐懼，讓我們總是攀緊求生的浮木，而不敢放手。

一位ＦＢＩ反情報部門的探員曾在他的著作裡提到，大腦控制著我們的行為，而其中大腦的邊緣系統則負責控制我們制式、不必多加考慮的反應。

舉例來說，當生物面對威脅時，邊緣系統下達的第一個指令就是凍結。如小鹿遇到狼時，這一瞬間小鹿會因驚嚇而處於一動也不動的狀態，以求自保。人類亦如此，隨著進化演繹，這種生物本能始終存在於我們的大腦裡，「不輕舉妄動」是我們遇到威脅時，保護自己的第一步，緊接著，就是轉身逃開。

因此，當我們感到恐懼時，就可以理解為何自己會有不敢貿然採取行動的反應了。然而，如果我們始終不願意克服恐懼，始終不願改變且處處逃避，我們只會不斷地在原地打轉，故步自封。反之，只要我們善用自己的心智，並提起勇氣，跨出第一步，恐懼就無法阻止我們得到更好的人生。

直接與恐懼面對面，是戰勝它的最短途徑

真正的勇敢，就是直接面對你所害怕的事，並採取正確的處置。雖然我們無法一舉征服恐懼，但在這個「從害怕到面對，但面對時依舊感到害怕」的循環過程裡，我們終將因熟悉恐懼的存在而不再畏怯。

作家艾薩克．巴甚維斯．辛格於一九七八年獲得諾貝爾文學獎之後，曾接受記者的採訪。記者問道：「得此殊榮，您覺得開心嗎？」

作家回答：「當然，我非常開心。」

沒多久，又有另一位記者登門採訪，問道：「這次獲獎，您應該很開心吧？」

這次作家卻說：「您覺得就算開心，又能維持多長的時間呢？」

其實，作家兩次相異的回答正好點出同一個關鍵——適應力。當我們受到同一件事情的反覆刺激後，我們對它的反應就會逐漸降低。

曾經有一部談及人類「適應力」的電影。劇中有一個小男孩因為感到孤單寂寞，所以希望他的泰迪熊能變成自己最好的朋友，跟他聊天玩耍。沒想到隔日，玩偶真如自己所願地成為一隻有生命力的泰迪熊。起初，媒體還為此大肆報導，人們對這個「怪物」既驚奇又害怕，讓這隻泰迪熊一時之間成為眾人注目的對象。不過，沒多久，他們就對這隻會說話的泰迪熊見怪不怪了。

由此看來，我們可以利用「適應力」來戰勝自己的恐懼。舉例來說，如果你害怕當眾演講，反而應該增加自己發言的機會。確實，起初會因為恐懼而痛苦不已，不過，只要你堅持下來，它帶給你的負面感受就會逐漸降低。

反之，當我們避免正面與恐懼對峙，而選擇退縮與逃避時，內心的恐懼就會像吸水的海綿般膨脹，讓情況更加惡化。因為，我們剝奪自己適應與瞭解內心恐懼的機會，並且助長自己對恐懼事物的想像。於是，每一次的逃避，都會加劇我們的怯懦，害自己越來越沒自信。

倘若你真的過於恐懼而不敢嘗試，可以先將恐懼的強度調低。如果你害怕公眾演說，用不著馬上就逼自己面對五、六百名的觀眾，你可以先從小團體開始練習，再逐漸增加聽眾人數，逐步強化自己的信心，最後你會發現，其實當眾發言並沒有你想像中的可怕。

下次當你再感到恐懼時，不妨換個角度想：我會感到恐懼，代表這件事對我充滿了挑戰性，如果我跨出迎戰的第一步，也意味著主動開拓了人生的格局。

堅定的意志，讓你如願以償

卡爾是個離家北上打拼的年輕人，年關將近，他已訂好火車票，準備返鄉過年。

這天，卡爾在前往火車站的途中稍被耽擱，他悶悶不樂地看著自己的手錶，發現距火車駛離的時間只剩五分鐘。

卡爾沮喪地心想：「太晚了，我肯定會錯過火車。」

此時，月台的警鈴響起，示意火車即將駛離，雖然卡爾連忙加快步伐，但他終究還是氣喘吁吁地看著火車漸行漸遠。於是，卡爾又喃喃地說道：「唉，我就知道自己搭不上這班車。」

其實，當卡爾發現時間只剩五分鐘時，他的身旁也有另一個人正趕著搭車。然而，跟卡爾不同的是，這個人發現自己還有五分鐘時，心裡想的是：「太好了，還有五分鐘。」並立刻拔腿狂奔，最後果然順利搭上火車。

明明兩個人當時與火車站的距離相當，為什麼一個人沒搭上車，一個人搭上車了呢？原因就在於，卡爾被他的灰心耽誤了腳步，而另一個人卻擁有能搭上車的決心。

克服恐懼，我們必須直接與它面對面，但是當我們暴露在恐懼之中，常常又因意志力薄弱，而再度退縮。所以堅強的意志，可以幫助我們克服面對恐懼時的不適感。

而我們該如何培養自己的意志力呢？

首先，我們可以從逆境裡尋找正面的視角，一旦我們改變心境而度過磨難，心智就會更加堅強。所以遭逢困境時，我們必須改變思考的重心。

例如：與其抱怨薪水太低，不如感激我們還擁有一份工作；與其怨恨朋友都離自己遠去，不如享受隻身一人的寧靜。身處逆境時，我們要更懂得寬慰自己：「好險，事情原本可能更糟。」

再者，培養意志力的第二個關鍵是，養成堅持到底的習慣。日常生活中，我們偶爾會半途而廢，但不一定真的是因為遇到挫折而想放棄，很多時候是因為忙碌的生活，讓我們忘記自己曾經訂定的目標。所以，我們必須不斷提醒自己——「我的目標」，如此一來，就算途中耽擱了，也能逐步往目標邁進，最終心想事成。

更具體的作法是，你可以買一本手帳，先寫下自己的目標，再定期追蹤自己在這段時間內做了什麼樣的努力，完成了哪些具體的進度。這不僅能幫助你專注在既有的目標上，也可以看見自己已經進步了多少，等同不時給予自己鼓勵。當你遇到挫折時，把這份紀錄拿出來看，更能幫助你找回自信，增加你堅持下去的決心。

最後，因為你已經渡過逆境，所以你會獲得朝下一個目標邁進的勇氣。即使恐懼的陰影仍然會不時的影響自己，曾經通過此磨難修鍊的你，也能一次比一次更快地跨越這個命題。

思路轉個彎

不想面對問題而出現逃避的狀況時，你可以試著這樣想：

逃避不只無法解決問題，還會讓問題因日積月累而放大。你心裡其實知道，最終自己還是得回頭處理它，如果反因逃避而錯失良機，只會讓自己更加失去信心。人生沒有跨不過去的門檻，只有不願意跨過去的人。你不放膽嘗試，怎麼知道自己無法解決問題呢？坦然面對之後，你或許會發現：事情不過爾爾嘛！

「擁有勇氣並非不恐懼，而是明白還有比恐懼更重要的事情。」

——電影《麻雀變鳳凰》

擁有一顆充實的心，就能填滿欲望黑洞

當我們內心越感到空虛，想要的東西也就越多、欲望就越強烈；當我們意識到自己擁有的東西比不上別人，或是覺得自己受到的待遇不公平，就會產生嫉妒的想法。

英國哲學家法蘭西斯．培根曾說：「讀史使人明智，讀詩使人聰慧，數學使人周密，博物使人深刻，倫理使人有修養，邏輯修辭使人善辯。」所以，如果我們發現自己的生活因為嫉妒而失去平衡，不如閱覽群書，並且讀遍真實的百態人生吧！

因為，充實自我內涵，將豐富原本單調的人生，開闊狹窄的視野。一旦內心不再因空虛而感到無所依歸，回歸自我的閱歷，自然能放下過於關注他人衍生的負面情緒。

停止比較，用知足來平衡你的心

競爭之心是一把雙刃劍，適當的競爭意識確實能促使一個人持續進步，但是當一個人不服輸的嫉妒之火過度熾盛，不僅會容不得別人比自己優越，還會替自己的生活植入長久的苦惱與災難。

日常生活裡，我們偶爾都會有因為被他人比下去，而感到憤憤不平的時候。身為外科醫生的你可能會暗忖，為什麼科主任總是將重要的手術交給某位同僚？擁有多年採編資歷的你會認為，報社裡的記者眾多，為什麼總編選擇將如此重要的題材交給某位同事寫呢？或是，同樣身為研究生，為什麼教授時常掛嘴邊稱讚的論文不是我的呢？在感情中，如果你得不到心儀對象的青睞，會懊惱為什麼暗戀的對象選擇別人，而不是自己？

當我們開始比較自己與他人的待遇落差，就容易產生嫉妒的情緒。而當妒意開始滋生，即會影響我們看世界的角度，使自己無法真心跟人們相處，甚至開始忽視對方的長處，抨擊對方短處，害生活從此變了調。

有一種蟲子會將牠看到的每一件東西都背在身上，常常因為負荷過重而無法行走。有人可憐牠，將牠背上的重物取下，然而不一會兒，牠又貪心地把視線所及的所有東西背到身上，於是小蟲子終於不堪重負而累死。

其實，只要我們丟掉過多的欲望，以知足的態度面對生活，就能從嫉妒帶來的不安之中解脫，不至於像故事裡的小蟲子一般，累垮自己。

舉例來說，某日的早晨，你發現鄰居新買了一輛漂亮的車子，恭喜對方之餘，想到自己卻只有一部破舊的機車，於是，羨慕或嫉妒的情緒就瞬間湧上心頭。此時，你可以試著告訴自己：你離公司的距離近，居住的地方生活機能也不差，所以這部機車已堪使用，如果你擁有的是一部轎車，反而失去騎機車的機動性，還要受制於尋找停車位的時間和耗費。只要你意識到自己正湧上非理性的比較之心，就趕緊以較為正面且符合實際的考量平復失衡的內心。

一旦你找回內心的平衡，就能將心力專注於提升自己，改進自己的缺失，讓競爭意識成為驅使你往前邁進的良性動力。

知識就是強化心靈的力量

當現實與理想不符合時，我們就會嘗到落差感，而這種心理不平衡，就是害我們感到嫉妒的罪魁禍首。

多多提升自我內涵與道德修養，有助於降低心裡的落差感，進一步讓我們拋開嫉妒心。因為一個精神世界富裕的人，即能以積極的心態，虛心學習他人的長處。不過，想要培養廣闊的精神世界，我們必須充實自己的知識、豐富見識，並且盡情地探索萬事萬物。

具體來說，我們可以從「每個月至少看一本新書」開始。

而這些書籍最好隸屬於不同領域，因為這不僅能讓我們學到不同以往的知識，還有助於拓展思考能力、了解社會的脈動。換句話說，一旦我們換個角度審視世界，了解別人都看些什麼、都想些什麼，我們就能進一步去理解他人，接納並尊重個體之間的差異。最重要的是，這麼做能為生活帶來新鮮的刺激，促使我們不斷地思考，並維持源源不絕的活力。

不過，就如法蘭西斯・培根所說：「用書之智不在書中，而在書外。」所以請你偶爾也外出走走，採取實際行動吧！在你實踐所學的過程裡，你能逐漸調整自己，並找到最符合自己的應用之道，將書中的知識徹底內化。一旦你保持跟外界的互動，你會發現，世界上總會有人跟你擁有相同的煩惱。無論是必須辛苦賺錢養家、沒房沒車或是被長官罵得狗血淋頭……。甚至，有更多人正在為你根本無須顧慮的事情擔憂。所以你並不孤單，也沒理由感到不平。

最後，請你每天多留一點私密的時間給自己吧！藉此探索自己的內心世界，挖掘自己更大的潛力。

簡言之，藉由不斷地充實知識、觀察世界、發掘新的自我，你的修養內涵將有所提升，心靈富足的你又怎麼會因為「自己跟他人的差異」、「現實與理想的差異」，而惴惴不安呢？

思路轉個彎

無法放下沉重的欲望時，你可以試著這樣想：

溫斯頓．邱吉爾曾說：「我們藉由得到的事物來維持生活。我們藉由付出的事物來創造生活。」面對放不下的欲望，不如反過來先學會付出。例如：每天多花十分鐘跟家人談天，誠心地幫助他人……等等，你會發現從中得到的回饋將遠超想像。當你的生活藉由其它事物而豐富，欲望在不知不覺間也被放下了。

「我今天不會浪費一秒鐘去生氣、懷恨、嫉妒或自私。因為我知道，日後我會收割今天播下的種子，因為每個行為，無論好壞，永遠都伴隨等同的回報，所以我今天只播下好的種子。」

——美國勵志作家，奧格．曼迪諾

放寬心，擺脫烏煙瘴氣的人生

一日，電視裡正在播放韓劇，劇中的女主角因為被自己的競爭對手激怒，為之氣結地鼓著臉，脫口喊道：「哎呀，真是的！我要瘋了！」

我們每個人偶爾都會像她一樣，有這種氣得快暈厥過去的感受，並且瀕臨抓狂發瘋的邊緣。

其實人們就像某些化學元素，獨處時具有高安定性，但不同屬性的人聚集在一起，就有產生化學變化的可能。如果我們和天生不合的人碰在一起，就因意見分歧，而怒火磅礡噴發，難以控制情緒。

憤怒，是一種非常有攻擊性的情緒，它使得我們的生活動盪搖擺且飽受威脅。若是我們將怒火長期壓抑於心，又會像懷抱一枚已燃的炸彈，眼看引信越來越短，隨時都有傷及自己與他人的危險。

既然如此，我們該如何解決與他人不合的窘境呢？

清代的書法家鄭板橋曾寫道：「聰明難，糊塗難，由聰明而轉入糊塗更難。放一著，退一步，當下心安，非圖後來福報也。」此處糊塗，並非指不開竅，而是指寬厚待人。所以，當我們與他人有不同的想法時，不如裝糊塗吧，何必非得爭個誰是誰非呢！

找回理智，順利遏止衝動行事

英國文豪莎士比亞的劇作《奧賽羅》是一齣悲劇。劇裡的主人翁奧賽羅誤以為愛妻紅杏出牆，於是過於憤怒的他失去理智，竟親手將妻子苔絲狄蒙娜掐死於床榻。最終，奧賽羅得知一切只是手下伊可古設的陷阱，讓手刃愛妻的他因為無法承受真相而自刎殉情。

《奧賽羅》一劇充分表現出：當一個人過於憤怒，不僅會看不清事實的真相，更容易盲目衝動，犯下難以挽回的錯誤。

其實，一旦我們心生憤怒之際，內心就會失去對自己的掌控，所以會使用提高音量、肢體衝突等等外在的表現方式，欲奪回控制感。但是，比起這些激進的方法，不如多做幾個深呼吸。對我們的生理而言，這不僅溫和無害，更能透過二氧化碳的排解，讓鬱悶的情緒一併排出體外，鎮靜心靈。

透過一個簡單的舉動，我們就得以緩解生理緊張與激動，放鬆緊繃的肌肉，更重要的是，這麼做能讓我們負載過熱的大腦冷卻下來。而唯有重新找回機敏的大腦，我們才能看清事情的真相，釐清盲點，不輕易被外在的人事物所迷惑。

再者，有項研究報告更明確指出，當我們感到「憤怒地失去理智」之時，並不代表理智真的蕩然無存，而是大腦裡缺乏具有傳遞訊息功用的「血清素」所致。因為我們的憤怒情緒是由大腦的杏仁核部位負責，理智則是由額葉部位負責，一旦額葉向杏仁核發出訊號，就有助於我們控制憤怒。因此當血清素含量較低時，將導致杏仁核和額葉的聯繫隨之降低，更難以壓抑憤怒的情緒。

所以，要擺脫被憤怒掌控的人生，我們除了可以即時利用深呼吸來冷卻頭腦；平日，我們也可以多攝取富含色氨酸的食物，如：雞肉、腰果、南瓜子等等，以增加血清素的含量，讓理智暢行無阻，及時發揮作用。

除了從生理減緩憤怒發作的可能，從心理層面，你可以告訴自己：「生悶氣，被傷害的人只有我。如果我希望藉由外顯的憤怒壓制他人，最終情緒只會反彈回我身上，更難以預測何時會不利於己；而報復與懷恨的念頭，也將使我被禁錮在自己設下的牢籠裡，等同於自動放棄了體驗生活中更多美好事物的機會。為什麼我要為了別人做的錯事而如此重罰自己呢？」

對恩怨健忘，把時間花費在美好的事物上

一日，有個男人前往拜訪老子。當他看見老子家中凌亂不堪，實在不敢置信這是一位智者的家，於是，他一陣批判之後，隨即揚長而去。翌日，這個人稍微冷靜下來了，決定回來向老子致歉。

老子淡然地說：「你好像很在乎智者的外在形象和言行舉止。但對我來講，這是

毫無意義的，所以我不會因此生氣。別人會這麼認為，一定有他的根據，假如我立刻頂撞回去，他定會氣得繼續爭論。這就是為什麼我從來不反駁別人的原因。」

所以，為什麼我們要如此在意眼前的一點小事，並與人起衝突呢？

我們一輩子因為意見相左而與人發生摩擦的機會多不可數，若我們都將之看得其重無比，並且全部放在心上，心怎麼還有空間容納真正重要的人事物呢？當我們過分在意，為任何一句話、任何一個舉動賦予太多意義，執念就已經抓住我們，使我們糾纏於恩恩怨怨之中。不僅讓衝突的戰火不斷，還會阻礙我們的人生道路。例如，因為差勁的人際關係，而導致自己在職場上處處不順。

《唐史》裡記載，狄仁傑之所以能成為宰相，是因為婁師德的推薦，但狄仁傑卻不知道，而且還相當輕視婁師德，並數次排擠他。當唐太后武則天察覺後，曾藉機問狄仁傑：「婁師德會識人嗎？」

狄仁傑答道：「我雖然與他同為大臣，卻不知他會識人。」

武則天說：「但你就是婁師德所推薦的啊！可見他蠻會用人嘛！」

狄仁傑後來感歎地說：「婁公的德行真是了不起，原來他一直在包容我，但我卻始終沒有察覺。」

其實，要求一個人任恩怨情仇像河水一般流逝真的很難，畢竟，只要談到往日的恩怨，一般人都會發揮極佳的記憶力，幾乎是終生不忘。然而，從婁師德跟狄仁傑的例子來看，若不是婁師德沒有將狄仁傑的排擠放在心上，若不是他放下憤怒，他們之間就可能會發生你來我往的針鋒相對，進而影響彼此的仕途。

相反地，很多時候只要我們打開心胸，待人處事多一點的寬容，我們會發現自己的生活會變得舒坦許多。所以，下次當你感到憤怒時，試著降低這件事對你的影響力，並問問自己：「對方一句酸溜溜的話對我真的那麼重要嗎？他人的看法真足以定義我是一個怎麼樣的人嗎？」若你再把時間浪費在憤怒、仇恨、責難與攻擊上，只是幫助對方達成傷害你的目的。

所以，別再為不值得的小事費心爭辯，把時間留給更重要的人。畢竟，生命應該浪費在更美好的事物上，不是嗎？

思路轉個彎

常為各種糾紛生悶氣的你，可以試著這麼做：

若過度控制自己的怒氣，會存在著大爆發的危險，會帶來不可預知的災難後果。除了離開引發怒氣的源頭之外，你可以重新看待自己面臨的困境，為自己所處的情境提出新的詮釋，藉以化解怒火。例如，幽默看待同事的頤指氣使與不願配合的語氣，藉以減少委屈的心情。

「復仇是一種懶惰的悲痛。」

——電影《雙面翻譯》

每天跟你的心告白，道別自欺欺人的世界

《牧羊少年奇幻之旅》是一本追求夢想的寓言式小說，內容是在講述牧羊少年追尋寶藏的奇幻旅程。其中，少年一度提出「為什麼人們必須傾聽自己的心」的疑問，即便「人的心並不可靠」。

而少年遇到的鍊金術師這麼回答他：「我們之所以覺得人心不可靠，是因為不了解自己的心，以至於時常遇事措手不及。」

鍊金術師更進一步地說：「你絕不可能逃離自己的心，所以你最好還是聽聽它在說什麼，這樣你就不必害怕遭遇措手不及的狀況。」

書中這段發人省思的對談，點出一個普遍的現象：人們常常忽略心的重要性。我們常以為心靈自然而然就可以消化任何困境帶來的負面刺激，就算心因此受傷，

它也自然而然地會癒合。

然而，事實並非如此。

當我們忽視心的重要性，又放它獨自承受生命中的一切，不願傾聽它的求救，心就只能概括承受所有接收到的訊息，漸漸地，我們的心緒會像團毛線球，越來越難理清。當我們忽視心的吶喊，最終我們將真的聽不見它的聲音，不知道自己由衷想要的到底是什麼，迷失在大千世界裡。

用簡單生活，過濾心靈的雜音

還記得那個只嚮往簡單幸福的自己嗎？

夜闌人靜時，少了白日的喧囂，少了紛雜的事物，好不容易靜下來的城市，令「噗通」的一滴水聲都難以忽視，讓我們得以聽見生命的律動，讓我們能夠側耳傾聽心的低語。請你閉上眼睛，回想那時的感受，那種心緒安寧、內心平穩厚實的感受。

簡單的生活，即如夜晚的曼妙，它會剝離生活裡所有不必要的東西，簡化外界的干擾，讓你與心更貼近。蘇東坡曾言及的游於物外便是與此異趣而同歸。

一旦你不受物欲的主宰，將外在的事物簡化，不被外物蒙蔽時，心的聲音就會逐漸清晰。屆時你苦苦追尋的答案會一一浮現心頭，所有讓你感到困惑不安的問題都將不復存在，自然無往而不樂。

重要的是，簡單的生活讓我們保持真實的自己，擁有泰然自得的人生。

晉代文學家陶潛因生活所迫，不得已而為仕。二十九歲時，他曾當過江州祭酒，但不久便辭職，回家種田。隨後，州裡又請他去做主簿，他不願意接受。到四十歲時，他為了解決經濟上的困難，又到劉裕的手下做事，四十一歲時，轉為彭澤縣令，但只做了八十多天，再度辭職回家。

從此以後，陶潛再也不願意出來做官了，寧可親自種田來養家糊口，過著清淡貧窮，卻暢快愜意的生活。自此，他帶著老婆與孩子耕田而食，紡紗而衣，平時若有空閒，他就寫詩作文，以陳述自己安貧樂道的心情。

一旦我們對生命有太多的苛求，就時常弄得自己筋疲力盡，只能不斷拼命尋找生活裡的「小確幸」以調劑身心。

小確幸，是指微小而幸福的感受，生活裡稍縱即逝的美好瞬間。按照這個定義來看，它本應是偶然一現的幸福，然而，忙碌貧乏的人生卻逼我們刻意去捕獲它、去捏造它，以應對層出不窮的憂慮與恐懼。

既然如此，我們不如盡量回歸簡單的生活，還給生命一份從容。

這時，你會發現，並不需要刻意地去尋找，一片生機盎然的花圃，一座巍巍蔥蘢的大山，一場密密匝匝的雪花，一本輕泛墨香的書籍，都能成為你自由的棲息地，都能讓心靈得以安然地向你傾訴。

慢活，培養心的覺察力

請問：「你的靈魂還與你同在嗎？」

我曾於上班的尖峰時刻，在台北火車站等待朋友，百無聊賴地觀望人們提著公事包行色匆匆的模樣。我發現，一旦人們前進的路線稍微被人群阻擋，他們的眼底即會閃過一絲厭惡，腳步更是侷促不安。我忍不住心想，平日的我亦在這人群裡，神情想必也與他們毫無二致。人生的旅途裡，我們一味地前進，在爭先奪後的路上，是否已不小心遺落了跟不上自己步伐的靈魂呢？

在西方探險家到非洲大陸探險時，因為希望能快點著手進行研究，所以雇用當地的挑夫搬運裝備，並且不停地趕路。但是才沒過幾天，挑夫們就全部停下來休息，拒絕繼續前進。探險家因為行程被耽擱而感到非常憤怒，斥責挑夫們偷懶怠惰。

其中一位挑夫卻如此悠悠地回應探險家：「先生，我們走得太快，快到靈魂跟不上，遠遠地落後了。如果我們不停下腳步，等靈魂跟上，我們將永遠失去它。」

想一想，尚未起床，你就開始為新的一天發愁了嗎？

時未過午，你就已經在想：「今天怎麼還不快點結束」嗎？

三更已過，你還在為這惱人的一天輾轉難眠嗎？

與其這樣渾渾噩噩地度過超速又超壓的一天，不如放緩你的腳步吧。畢竟，繃得太緊的琴弦易斷，「慢下來」不僅能替自己保留喘息的餘裕，也能增添自己的覺察力，不至於在一生一次的旅途裡走馬看花。所以，回頭等待你的靈魂跟上，就能揮別行屍走肉的人生。而這其實並不難，只要你從累積生命中的每一分感動做起。

無論是璀璨的夕陽餘暉，或是雨天的天光變化，只要你用心體驗生活，就能找回自己的靈魂。因為當你慢慢地品味每一次的感動，你的心就會變得更敏銳，你的思緒就會變得更細膩，你的想法就會變得更成熟。

就像《牧羊少年奇幻之旅》一書裡，當這位茫然的少年終於找回心的敏銳度後，他發現，自己居然能聽見宇宙萬物傳達的訊息，他發現快樂可以僅僅來自一粒沙。

所以請你捫心自問，你是否因為走得太快、太趕，而沒有時間跟心傾訴衷腸呢？

不願溝通，是所有關係麻木並走向破裂的起點。現在開始，只要你展現慢活的藝術，並認真傾聽心的聲音，停止與它之間的冷戰，你將遠離自以為過得很好，於是得過且過的生活。當你的人生步入正軌，那些歧出的意念也將逐漸減少，你的心更能因覺知此生前行的意義而安穩踏實。

思路轉個彎

當內心浮躁時，你可以這麼做：

當你想趕緊完成一件事時，代表你急著想到達下一個目標，無法安於當下，那麼你的心怎麼會安寧呢？從現在開始，放慢你做事情的速度吧！別著急，投入於當下的事，直到做好它為止，你會發現，不只「慢慢來，比較快」，一旦你真正投入，過程中，心是享受且平靜的。另外，適時的冥想、靜坐，也是不錯的靜心方法。

「世界上最強大的武器，就是充滿熱情的靈魂。」

——法國軍事家，費迪南・福煦

Step4

重新計算 心之所向

心靈導航測驗

在你的潛意識裡，最害怕自己失去什麼呢？

Q 不同的災難所帶來的損失層面也各有其異，倘若真無法避免，下列的哪一種災難最令你感到害怕？

A **地震**
B **颱風、豪雨或土石流**
C **口蹄疫或雞瘟等等疫情**
D **火災**

結果分析：

選擇 A 的人，害怕失去「家」

你很害怕必須離家獨自生活，因為任何一種必須與親人分離的情況，都會讓你感到心裡不踏實。你需要學會為自己負責，培養獨立自主的精神。當你遇到難關時，別再找藉口逃避，想想該如何解決，人生就會有長足的進展。

選擇 B 的人，害怕失去「感情」

你很看重生命裡的每一段關係，無論是友情或愛情。一旦感覺不到對方的重視，你就會認為自己不被需要，而處於惶惶不安的狀態。導致親朋好友與你聊天時總是小心翼翼，免得你反應過度。建議你把生活的觸角拓寬，豐富多彩的人生能分散你的注意力，不至於因感情放太重，遇到人事變遷就難以釋懷。

選擇 C 的人，害怕失去「安逸」

你認為人活著就是為了享樂。所以，當你逐漸適應當前的工作環境之後，你就不想再花費精神努力奮鬥。小心喔，過度安於現況會害你難以應對突如其來的變化。建議你適時地脫離舒適圈，以保持自己的競爭力。

選擇 D 的人，害怕失去「資產」

你常覺得自己身處於動盪起伏的環境裡，所以總會替自己留一條後路。要小心這種恐懼會讓你變得短視近利，害你錯過不少機會，唯有當你忽視眼前利益並且全心投入築夢計畫，你才能達成自己真正的目標。

適時問自己：你究竟為什麼而忙？

現今，人們的生活中要顧及的事務多樣又複雜，每個人都恨不得自己有三頭六臂，能在更短的時間裡做更多的事情。然而，當我們拼命往前跑的同時，真的知道自己究竟是為何而努力嗎？

假如我們真的明確地知道自己的目標，知道自己心之所向，為什麼我們總是難以從中得到成就感，並且易於陷入鬱鬱寡歡的情緒裡呢？

想要改變這種「忙、茫、盲」的人生現況，有一個非常簡單的方法，就是學會善用時間。善用時間，不是讓你把每日行程表塞得滿滿的，而是記得留時間讓自己去做真正重要的事，才能找回生命的意義。當我們敢於割捨無謂的追求，將不再感到生命匆忙流逝，而是用充實過每一天的心態，重新檢視人生。

重新檢視自己的目標，矯正本末倒置的人生

小偉學成畢業後，就前往美國工作。三十年過去後，小偉趁著難得回國一趟，順道拜訪自己的恩師。和久未謀面的師長相見自是十分歡喜，他關心地問道：「老師，這三十年來，您老可安好？」

老師回答：「很好啊！我平時講學、寫作，每天都忙得很快樂。」

見到老師輕鬆爽朗的笑容，小偉不免感嘆地說：「老師，我們明明已經分別三十年，您的生活也很忙碌，為何我都不覺得您顯老呢？」

老師說道：「因為我沒有多餘的心思去煩惱啊！」

為什麼同樣忙碌，多數的人會感到心力衰竭，這位老師卻反而感到充實快樂呢？追根究底，其中的差別就在於，多數人常任由數十年的生命匆匆流逝，卻不知自己為何而忙；但這位老師在三十年的光陰裡，是忙著從事自己喜愛的事、忙著去體驗生活。一個目標明確、知道自己為何而忙的人，自然沒有多餘的心思去怨嘆人生，又怎麼會顯得老呢？

反之，小偉在美國發展時，幾乎每天都加班到深夜才返家，不只肝指數日漸攀升，他也因為時時處於精神緊繃的狀態，易與家人產生摩擦。看在妻子小敏的眼裡，除了心疼不捨，也常為小偉鮮少陪伴孩子而悶悶不樂。一日，小敏終於忍無可忍地跟小偉大吵一架。小敏生氣地問：「你這麼辛苦工作到底是為了什麼？」

小偉不耐煩地回答：「還能為了什麼？當然是想給你跟孩子過更好的生活！」

小敏嘆口氣後，溫柔地說：「但是你覺得我們的生活真的有變得更好嗎？孩子不僅沒有機會跟你相處，我也更加擔心你的健康，這樣的生活就是你想要的嗎？」

小敏的一席話如同當頭棒喝，點醒了小偉。確實，起初小偉是因為想給妻兒更好的生活，才夜以繼日的工作賺錢，但久而久之，他的生活只以工作為重，難以擠出時間陪伴家人，他也落入盲目忙碌的惡性循環中，忘了本心。

你也跟故事裡的小偉一樣嗎？為了養活自己、養活家庭而工作，最後卻本末倒置，忽略生命裡真正重要的事。假使你的生活因為忘了定位而走上偏路，請你記得問問自己：「我究竟是為何而忙？」

如此一來，你才會想起原始的目標，且得以檢視自己是否已經偏離人生正軌，並趕緊調整自己的方向。以小偉的案例來說，一旦他想起自己最重視的是幸福的家庭，就可以調整自己的行程表，盡量空出時間多多陪伴家人。

你可能會說：「我就是因為很忙，才擠不出時間呀！」

其實，陪伴家人不需要花費你太多心力，即便你只是立刻撥一通兩、三分鐘的電話，都可以將你的關心傳達到家人心底。

選你所愛，人生自然充實無憾

在選擇職業時，我們很容易陷入患得患失的泥淖，一下覺得這個工作不錯，一下又怕失去那個機會。就算本來日子過得還蠻順遂的，跟人一比，不免又感到垂頭喪氣。這正是因為我們沒有認清自己的人生需求而導致的弊病。

比爾・蓋茲曾說：「做自己喜歡和善於做的事，上帝也會助你走向成功。」

當比爾・蓋茨還在湖濱中學時，他就已經對電腦十分癡迷。那時候，比爾・蓋茲全心投入研究電腦撲克牌的程式，其認真的程度可說是如饑似渴。每天晚上，他不是在玩撲克牌，就是在哈佛大學的電腦中心使用電腦。據比爾．蓋茨的同學所言，他們常在清晨發現比爾．蓋茲在電腦機房裡熟睡的身影。

蓋茨也許不是哈佛大學裡數學成績最好的學生，但他在電腦方面的才能卻無人匹敵。他的導師不僅為他的聰明才智感到驚奇，更為他那旺盛充沛的精力而讚歎。而比爾．蓋茲充沛的精力，正是來自於他「做了自己喜歡做的事」，這帶給他前進的原動力，進而成就他的財富人生。

所以，當你不斷地努力工作時，偶爾也靜下心想想，這是你最想要而且喜歡的生活嗎？畢竟，雖然「行行出狀元」，但其狀元之才之所以能為世人稱頌，是因為他放棄安逸的誘惑，而選擇他的志業。

更何況，如果我們只是想要找到一份世人認可的職業，無論我們換幾份工作，都無法擺脫「這不是我想要的生活」的感受。與其如此，不如找出自己真正有興趣的領域，就算薪水還過得去，就算忙得沒日沒夜，也能收獲充實富足的人生。

思路轉個彎

當你總覺得時間不夠用，無暇享受人生時，可以試著這樣做：

第一，你可以下定決心，工作之餘，每天一定要做一件對自己而言最不容錯過的事，只要把這些和工作列為同等要務，就不會輕易忽視、匆匆跳過。第二，列出一天的行程表，並從頭到尾認真審視一遍。美國科學家班傑明．富蘭克林曾說：「別浪費時間，因為人生是時間的累積。」現在開始，把零碎的時間攢起來吧！

「工作效益不在於時間長短，而在於你真正做了什麼。」

——美國作家，山姆．尤恩

學習抉擇，割捨什麼都想要的心態

一日，有位農夫和商人結伴出門尋找商機。起初，他們在路旁發現一大堆羊毛，於是兩個人對半分了，並捆在背上。

歸途中，他們又發現了一些布匹，於是，農夫將身上沉重的羊毛扔掉，換成一些自己扛得動的布匹，不知如何抉擇的商人不僅不願捨棄羊毛，還勉強將布匹撿起。

沒走多遠後，他們又發現一批銀器。農夫趕忙將布匹扔掉，換作銀器；商人因為背上的羊毛和布匹太沉而作罷。片刻間，突降大雨，商人踉蹌地摔倒在泥濘當中，身上的羊毛和布匹全毀於一旦。而農夫呢？他輕鬆地返家，變賣銀器後，過著富足的生活。

你也像故事裡的商人一樣，對任何事總不甘於放手嗎？面對日常生活中的各種選項時，你是不是常常猶豫不決、難以抉擇呢？當別人徵詢你的意見時，你是否不清楚自己的確切需要，便說：「都可以。」事後卻又對結果不滿意呢？其實，事前花點時間找出自己真正想要的選項，才是減少未來埋怨煩惱的最佳捷徑。

讓你的心幫你決定

莫頓是剛從大學畢業的社會新鮮人，就在他決定繼續升學唸研究所的時候，他接獲一家跨國企業的面試通知。

這時，莫頓陷入兩難，若是他順利通過面試而被錄取了，他知道自己接下來的日子會非常忙碌，肯定沒有多餘的精力進修。

莫頓的母親察覺兒子的煩惱後，有天指著剛買的一顆西瓜說：「兒子，你幫媽媽把這顆西瓜搬到廚房吧！」

莫頓立刻照做。緊接著，母親又指著另一顆西瓜說：「也別忘了這顆西瓜。」

莫頓抗議地說：「我哪可能一次抱兩顆西瓜！」

母親笑著說：「就是啊。你也清楚一次只能拿一顆西瓜，所以要拿哪一顆就看你自己了。」

莫頓聽懂了母親的暗示。於是，放下不願割捨的惋惜心態，審慎考量自己的實際情況與對未來的期望後，他認為自己更希望能發展長才而取得成就，所以他決定前往該家公司面試。而莫頓如願錄取之後，日後的表現也相當出色。

不同的抉擇，會讓我們走上一條截然不同的路，這種決策的重任時常讓我們游移不決。此時，我們究竟該以什麼樣的標準來抉擇呢？是取決於我們的能力，還是整體社會的經濟情勢？不妨聽從自己的心吧，讓它來幫我們下決定。

因為一個「心甘情願」的抉擇，能讓你無怨無悔地持續努力。

貪婪只會害你白費工夫

一日，貪嘴的狐狸發現有家農舍養了很多雞，於是牠想穿過農舍的欄杆，偷偷吃幾隻雞飽餐一頓。但是，胖嘟嘟的狐狸根本無法穿過狹窄的欄杆縫隙。不過，肥美的雞群就在眼前，自己怎能輕易放過。於是，狐狸想到一個辦法，只要牠餓個三天三夜瘦下來之後，不就可以穿越欄杆了嗎？

三天後，狐狸真的因為身形消瘦順利潛進農舍，大快朵頤。然而，當心滿意足的狐狸決定離開時，卻發生一件糗事：因為牠吃得太飽，根本不可能從原本的欄杆中擠出去。於是牠只好再餓上三天三夜，才終於成功掙脫窘境。你也曾經在東忙西忙之餘，雖然擁有一時的快樂，但到頭來發覺自己只是白忙一場嗎？

其實，很多時候我們的生活不虞匱乏，但還是讓貪婪控制了自己。為了不被貪心而左右，取捨前，請你先思考幾個問題，幫助自己割捨執念：

「這真是我必需得到的東西嗎？」

「得到這件東西，對我的生活有什麼影響？」

「我在得到它的過程裡，會不會損及他人？」

如果你得到的結論都是肯定的，那麼就努力追求吧。如果答案皆為否定，那麼你只是一時被貪婪迷惑而已，千萬別再次落入那些讓你蹉跎終生的陷阱。

思路轉個彎

當你無法做抉擇時，可以試著這樣想：

無論我們現在做的這個決策是不是最好的選擇、最適當的抉擇，也只有事後才能知道它帶來的結果是好是壞。即使結果不如預期，我們也必須勇敢地承擔，唯有如此，我們才能一次比一次做得更好，並透過每一次的抉擇，逐漸了解自己真正的需求，也能讓下次的決策更精準。

「自我不是現成的個體，而是藉由行為抉擇後不斷塑造的個體。」

——美國哲學家，約翰・杜威

多一次嘗試，離夢想將更進一步

世界上沒有人是全能的，每個人都有優缺之處。既然如此，為什麼有些人能在人生的舞台上表現亮眼，有些人卻一生黯淡無光呢？追根究底，是因為他們不了解自己。

如果你目前還不夠了解自己也沒關係，不如從現在開始多方嘗試，別因一時的挫敗而感到氣餒。唯有如此，你才能不斷修正前進的方向，找出適合自己的路。

隱惡揚善，讓你披荊斬棘

前NBA球星丹尼斯．羅德曼既不擅控球，也不擅傳球，甚至連罰球命中率都極低，但單憑搶籃板球的絕招，就能讓他在眾星雲集的NBA獨樹一幟。

若是羅德曼將訓練的時間都拿來彌補投籃的得分技巧，

確實能提高投籃命中率，但他恐怕就無法成為NBA的「籃板王」了，不過是一個通才而非專才的球員。

人生正如籃球賽，想要贏得比賽，必須靠團隊合作；現代社會也是依賴人們各司其職，才得以不斷進步發展。

在這個社會裡，我們每個人扮演的作用各有不同，有人是處於領袖的地位，他的魄力可以影響群眾，導演歷史的場景與畫卷；有人是商人，在經濟脈動裡具有舉足輕重的影響力；有人是作家，寫下社會的萬千變化。

假設我們每個人都把自己的精力與時間拿來彌補自己的短處，只會使我們成為某種不像自己的樣板人物，看似優秀，實則虛榮。既然如此，我們不如把擔憂自己不足之處的時間，拿來思考如何精進自己的長處，不僅能進一步發掘自我的潛力，更能像丹尼斯・羅德曼一樣，保持自我本色與特點，取得一個不凡的人生。

花點時間尋找正軌，就能避免困獸之鬥

想要知道自己究竟擅長什麼、喜歡什麼，最好的辦法就是多番嘗試，多去接受不同人事的刺激，激勵自己不斷從中磨練、成長，終有一日，我們就能看見自己的潛力。

才華洋溢的女演員張鈞甯，從小因為不太了解自己的興趣跟專長，所以總是乖乖地遵循社會的主流，一路用功念書以求升學，而她也確實順利成為一名高材生。有天，張鈞甯在街上接受工讀生的邀請填寫問卷，沒想到幾個月後，這位工讀生成為藝人經紀的助理，想到了充滿學生氣息的張鈞甯，於是她就這樣進入了演藝圈，初期以拍攝音樂錄影帶和廣告為主。二〇〇三年，她在電視劇《心動列車》首次登台演出。二〇〇六年，主演電視劇《白色巨塔》中個性獨立的女醫師而受到矚目。因為一次意外的嘗試，開啟她截然不同的旅程。

假若你不清楚自己「與生俱來」的天賦為何，不妨多方嘗試，直到找到你擅長做的事為止。具體來說，請你一邊大膽地去涉足各式各樣不同的領域，一邊問自己：「這個領域能否激發我的熱情。」如果你有熱情，但發現自己再怎麼努力，也無法做好當前的事情，你也要把它歸類進「這是我不適合做的事」的清單。

多方嘗試，藉機瞭解自己，有助於我們找到值得自己投入心力的領域。也許你會認為不斷嘗試只是在浪費時間，但換個角度想，我們寧可把時間花在尋找適合自己的路，也不要把時間浪費在不適合自己的領域裡。因為身於即使能賺錢卻又不適合自己的領域裡苦苦掙扎，只會讓我們越來越沮喪，越來越迷茫，最後，又不願意承認自己走錯路，只能不斷地往死胡同裡鑽。

當然，在決定重新改變人生航向之前，請你一定要經過慎重考慮。審視自己決定轉換領域的真正原因是什麼。是因為你真的不適合眼前的這份工作，還是你遭受一點挫折就心生退意？畢竟，生命只有一次，你可以盡情且大膽嘗試，但當你找到適合自己的棲身之處，就應該堅持下去。

思路轉個彎

因失去而感到煎熬時，你可以試著這樣想：

當你出生之時，其實什麼都沒有帶來，後面人生的收穫都是額外的贈禮。因此，你這一路走來就算一時有所失，也不過是回到原始狀態，回到尚未擁有這個人或這件事的時候。即使告別舊的人事，未來仍有新的人事等待與你相遇。所以。人生從來不會真正失去，但我們卻能因為過程的體驗而擁有滿載的深刻回憶。

「不管你是否已找到自己的使命，或是還在尋找，熱忱應該作為驅動你人生志業的火焰。」

——美國戴爾電腦創辦人，麥克·戴爾

從容看待每一個打擊，它們是人生進階的指標

貝多芬曾在給朋友的一封信裡寫道：「我要扼住命運的咽喉，不容它毀掉我。」

當時貝多芬開始出現失聰的跡象，這對以音樂維生的他來說，簡直是致命傷害。即使貝多芬竭盡其力救治，但最後還是回天乏術。因此他一度想了結自己的生命，然而，他終究不甘心就此放棄音樂。

經過兩年的摸索，貝多芬不僅沒有被困境打敗，反而以這種生命的體驗，創作出跌宕起伏、撼動人心的《第三號交響曲：英雄》。日後，他利用命運給自己的考驗，砥礪自我，終成古典樂壇的一位巨匠。

所以，你不妨這麼想吧，挫折帶來的打擊雖劇，但它卻等同於人生進階的指標，因為它的出現，讓我們更清楚自己的心之所向。

把上一次的失去，當作下一次得到的起點

二十歲那年，魯奧吉因車禍，造成腰部以下癱瘓。魯奧吉事後回憶時說道：「癱瘓使我重生，因為我必須從頭學習本來已經會的事，就像穿衣、吃飯，這些最簡單的日常小事都得重新訓練，而這需要絕對的專注力、意志力和耐心。」

選擇積極面對人生的魯奧吉表示，以前自己不過是個渾渾噩噩的加油站工人，整天無所事事，對人生沒什麼目標。經歷災變以後，他想探索的領域反而更多。他去讀大學，並拿到語言學學位，他還成為一位稅務顧問，同時也是射箭與釣魚的高手。他認為現在的人生中，「學習」與「工作」是讓他最快樂的兩件事。

的確，在生命裡最難挨、最痛苦的階段，我們往往得到最多，因為它迫使我們重頭來過，重新審視內心，找出更清晰明確的方向。

所以，一次的失去可以為我們開啟人生的「第二次機會」。把這份考驗當成新的起點，把握重新啟動人生的難得機緣。

坦然面對得失，會帶來意想不到的收穫

金代禪師非常喜愛蘭花，於是在庭院裡栽培了數百盆各色品種的蘭花，講經說法之餘，總是全心照料，大家都說，蘭花彷彿金代禪師的生命泉源。

一日，金代禪師因事外出。一位弟子接受師父的指示照護蘭花，沒想到這位弟子卻一不小心將蘭花架翻倒了，以至於脆弱的蘭花被連根拔起，散落一地。

弟子心想：師父看到這番景象，不知道會多憤怒。於是就和其他師兄弟商量，決定等禪師回來後，趕緊認錯，且表明他甘願接受任何處罰。

沒想到金代禪師回來後，卻一點也不生氣，反而心平氣和地安慰弟子道：「我之所以喜愛蘭花，是想用香花供佛，也為美化禪院環境，並不是因為想生氣才種的啊！世間一切都是無常的，不需要執著於心愛的事物。」

正如金代禪師所說，我們追求任何事物的初衷，並非想招致傷心等負面情緒。所以，何必執著於已經逝去的事物呢？

一八八三年，因為家境貧寒，瑪麗無錢去巴黎唸大學，只好到一個鄉紳的家裡當

家庭教師。結果，她與鄉紳的大兒子凱西密爾陷入熱戀。但是，就在他們計畫結婚時，卻遭到凱西密爾父母的強烈反對。雖然兩位老人家深知瑪麗生性聰明、品行端正，但因當時女性在社會上的地位很低，瑪麗又出身貧寒，所以認為她與他們家門不當、戶不對。於是，在父、母親堅決反對的情況下，凱西密爾也只好屈從父母的意志。

當時，失戀的痛苦折磨著瑪麗，然而她並沒有一蹶不振。她放下情緣，刻苦自學，並幫助當地貧苦農民的孩子學習。幾年後，瑪麗又與凱西密爾重逢，但是，她發現凱西密爾並沒有改變優柔寡斷的性格，於是主動砍斷這段愛戀，去巴黎求學，成為日後留名青史的科學家——居禮夫人。

或許，如果沒有這次失戀，居禮夫人的個人歷史將會是另一種寫法，世界也會少了一位偉大的女性科學家。

所以，當你無法淡然面對失去時，不妨想一想，哪位功成名就的偉人未經一番寒徹骨的命運磨練呢？或許，經歷這次的低潮後，你的人生也即將邁入一個新的里程碑。

思路轉個彎

當你快被挫折打敗時，你可以試著這樣想：

每個人遇到挫敗時，偶爾都會浮現不如放棄的念頭。但是倘若我們不想錯過一生的志業，該如何堅持下去呢？你不妨把注意力放在好事上，例如：今天你與同事的互動良好且有默契、或是你跟客戶難得產生了共識，藉此讓自己的熱忱死灰復燃。小小的熱忱，就能讓你繼續燃燒，繼續前進。

「只要記住——當你覺得失去一切時，未來依舊存在。」

——美國發明家，羅伯特．戈達德

不再找理由，揮別人生的海市蜃樓

成語「不鳴則已，一鳴驚人」出自於《史記．滑稽列傳》齊威王的故事。當時，政治家淳于髡知道齊威王好為淫樂且不問政事，就說道：「國中有大鳥，止王之庭，三年不蜚又不鳴，王知此鳥何也？」

齊威王深知淳於髡在暗指自己，於是答道：「此鳥不飛則已，一飛沖天；不鳴則已，一鳴驚人。」從此齊威王決心力圖振作，果真使得齊國更強盛。

現實生活裡，人們卻常常以「不鳴則已，一鳴驚人」來安慰自我，並且耽溺於現狀。比方說，我們常常這麼想：「誰不想要成功，只是我的人生就是比別人坎坷得多啊」或是「拜託，只是我不想做而已，一旦我開始做，就會讓人寡目相看」。

於是，最後我們什麼也沒做，使得機遇一再溜走。

請你適時提醒自己：機遇的天使對每個人都很公平，但如果你在命定時刻還沒走到屬於你的位置，祂絕不會降臨。

丟棄藉口，強化實現人生的行動力

有一天，神出現在萊納面前，宣示他將有機會得到一筆財富、在社會上獲得卓越的地位、並且娶到一位漂亮的妻子。於是，開心的萊納終其一生都在等待承諾的降臨。

結果卻什麼事也沒發生，萊納窮困地渡過他的一生，孤獨而終。

當他死後來到天堂時，對神提出質疑：「你說過要給我財富、很高的社會地位和漂亮的妻子，但我用一輩子去等待，卻還是一無所有。」

神回答道：「我沒說過那種話。我只承諾過給你得到財富、社會地位跟美麗妻子的機會，可是你卻讓這些事物從身邊溜走了。」

萊納困惑地說：「我不明白您的意思。」

神說：「記得你曾想到一個絕佳的點子嗎？但你卻因為害怕失敗而沒有行動。」

萊納點點頭。

神繼續說道：「因為你沒有行動，幾年以後，這個點子被另外一個人拿去用了，他後來成為全國首富。」

神又說：「大地震時，你本有機會去幫忙拯救那些存活的人，可是你以『因為擔心小偷趁你不在家的時候，到家裡打劫、偷東西』為藉口，故意忽視那些需要你幫助的人。那是你拯救幾百個人的好機會，而那個機會將使你得到尊崇和榮耀。」

神最後說道：「還有，你曾強烈地被一個女人吸引，但你認為她不可能會喜歡你，因為害怕被拒絕，所以你就任她離開。」

萊納點點頭，忍不住流下淚水。

你是否也常在事過境遷之後，發現自己錯過很多本來屬於你的機會？偶爾，你腦中會閃過以下的念頭：「別人之所以會成功，是因為他們有人脈」或是「別人之所以會成功，是因為他們有機遇，但我根本不曾遇到任何機會」。

確實，人生本就不公平，但有些時候，是我們放任成功的機會溜走，而沒有採取具體行動。畢竟，我們的夢想不會自動實踐，它需要持續努力付出。如果你已經在心中畫好未來的藍圖，就提起勇氣邁出第一步吧！唯有不再替自己找藉口，並且不放過任何一個達成目標的潛藏機會，你才能突破現狀，讓機會成功地化為現實。

所以，當你內心深處認為自己不可能會實踐夢想與達成目標的時候，第一時間告訴自己：「我確實擁有巨大潛力，我確實會成功，但若沒有現在付諸實際作為，一切只是空談。」

想拋開自欺欺人的人生，就從為自己創造機運開始！

有起有伏的人生才精彩

為人生目標奮鬥的旅途上，難免有起有落。而一想到此，我們就容易怯場，並且心生退意。所以，讓我們敢於繼續前行的最佳方式，就是在事前先告訴自己：「途中多一點坎坷有什麼關係？坎坷，是我們生命裡扣人心弦的篇章，它讓我們的人生精彩可期。」

你曾經思考過為什麼自己會覺得某部小說或電影中的主角迷人，為什麼會愛上主人翁嗎？

一篇精彩的故事，劇情的起起伏伏，以及人物遇到困境時採取什麼樣的行動，將決定他的性格，進而決定他的命運。所以，漫長的旅途上，坎坷和曲折總是不期而至，它們陪伴你成長，也能造就不一樣的你。

我很喜歡聽某一個朋友「說故事」，當他講起自己的日常生活情節不知怎麼地讓人覺得特別有意思，總讓我好奇他是如何解決當時的困境、擔心他是如何面對徬徨無助的心情，無論是被客戶拒絕、被朋友欺騙的各種低潮，我覺得他的人生好精彩。細細思量後，我發現對方之所以讓我感到有趣，是因為他將自己過去的坎坷當成津津樂道的故事題材。

坎坷，是編織生命的材料，它促使我們改變、塑造我們的性格。它不是痛苦的藉口，不是絕望的藉口，不是失敗的藉口；坎坷豐富我們人生的滋味，讓我們日後回味無窮。

思路轉個彎

當你覺得自己無法克服人生轉折或低潮時，可以試著這樣想：

不如把自己想像成電影的主角吧。孟子云：「天將降大任於斯人也，必先苦其心志，勞其筋骨，餓其體膚，空乏其身，行拂亂其所為，所以動心忍性，增益其所不能。」只要把這當成電影中的一幕，你知道主角最終一定會突破重重封鎖。你會發現，現況並不如想像中的痛苦，你反而能像故事主角一般持續成長呢！

「百分之九十九的失敗，來自習慣找藉口的人。」

——植物學家，喬治・華盛頓・卡弗

離開舒適圈，勇闖世界的你潛力無窮

「砍掉重練」是線上遊戲的術語，意指玩家面臨角色發展方向錯誤之後，決定從頭來過。當玩家已花費大量心血在此遊戲角色身上，砍掉重練有時候是非常痛苦的抉擇。

其實，遊戲亦是真實人生的一種反映，日常生活中，我們也時常得面臨「砍掉重練」的情況，或許是我們必須放棄既有的事業，或許是遭逢分手與離婚，或許是嘔心瀝血的創作必須撕掉重寫……等等。

但是，人得以茁壯，正是因為我們不斷地經歷這種痛苦，磨練出我們堅韌的意志。所以，當你遇到必須重頭來過的時候，別擔心，一如浴火重生的鳳凰，新生的你將會更美好。

別走他人替你規劃好的路，要敢於想像不同的未來

亨利．福特的父親是位農夫，他曾認為兒子未來就應該留在農場工作。但是，福特並沒有接受父親為他規劃的未來，反之，少年福特一直希望成為一位機械師。所以福特用一年多的時間完成機械師訓練後，就離開農場。

在當時，人們仍然常以馬匹作為代步工具，所以福特想創造出一架人們從來沒有看過的機器，可以載著人們自動前行。雖然眾人都不看好這個構想，但是敢於想像的福特認為世界上沒有「不可能」這回事。所以他努力去推動自己的構想，縱使遇到重重阻礙，經歷無數的失敗，始終不放棄追尋夢想的他，最後果然成功地製造世界上第一部「汽車」。

亨利．福特取得成功之後，成為人們羨慕的對象。很多人覺得福特能成功，是因為他運氣好、或是有朋友相助。然而，追根究底，亨利．福特的跨時代創舉，是來自他敢於想像一個截然不同的未來。

從小到大，當我們展現出異於眾人的想法時，諸如：自己喜歡繪畫而想成為藝術

家，愛好唱歌而想成為歌手，著迷於文學而想考取文學系時，我們時常會聽到這種回應：「畫畫沒辦法當飯吃」、「唱歌會讓你窮困潦倒」、「念文科未來沒有出路」。使得我們因為對夢想的不安，而放棄自己的興趣與愛好。

確實，他人替我們安排好的路，走起來比較輕鬆，但是這樣的我們彷彿一具沒有靈魂的魁儡，只是在過別人希望我們過的人生。

換個角度想，我們的興趣與愛好真的無法支撐未來的人生嗎？其實不然，只要我們敢於想像一個不同的未來，並全力以赴，勇闖坎坷道路，不要半途而廢，那麼就像亨利・福特一樣，我們也有可能成功。就算我們最後真的失敗，也不要擔心別人的一句：「早就跟你說過了。」因為你還是從這個付諸實踐的過程裡，得到巨大收穫——因為努力實現自己的想像，你學會了獨立思考與擁有行動的能力。而且這個刻苦銘心的經驗只屬於你，你不再是他人的魁儡，而是完完全全地掌握自己的人生，成為一個知道自己需要什麼、想要什麼的人。

離開舒適圈，能讓你快速累積經驗值

龍蝦與寄居蟹在深海相遇，寄居蟹見龍蝦脫殼後，只露出嬌嫩的身軀，於是非常緊張地說道：「龍蝦，你怎麼可以把唯一保護自己身軀的硬殼也放棄呢？難道你不怕有大魚一口把你吃掉嗎？」

龍蝦氣定神閑地回答：「謝謝你的關心，但是你不瞭解，我們的成長過程中，每次都必須先脫掉舊殼，才能生長出更堅固的外殼，現在面對的危險，只是為了讓自己將來能發展得更好而做準備。」

於是，寄居蟹忖度，自己整天都在找可以避居的地方，而沒有想過如何令自己成長得更強壯，難怪永遠只能生活在石頭下面這種狹隘又陰暗的小地方。

當我們逐漸在生活裡找到規律，逐漸適應當前的環境、不再嘗試新的方法、沒有危機感，就是心理已處於安逸舒適的狀態。這樣的舒適環境，雖然讓人心安，卻也讓我們產生近似於惰性的倦怠，以至於人生停滯不前。就如《孟子》一書裡寫道：「生於憂患，死於安樂。」

其實，我們大多數人都傾向如此，有一定的舒適區，不喜歡改變現況，想要走一條輕鬆容易的路。然而，生命是由一連串的奇蹟與不可能的任務組合而成，沒有任何人有把握未來會如何發展，所以，不妨脫離舊有的習慣與環境，勇敢冒險吧！雖然陌生的環境會使我們感到不安，但是這種不穩定感會提高我們的警覺與專注力，讓思緒變得更敏銳，而拿出最佳的表現。

美國羅斯福總統夫人曾鼓勵大家：「每天做一件自己害怕的事。」

每天做一件自己害怕的事，每天都去嘗試不同的冒險——去海外留學也好，甚或向你早就想嘗試的工作投履歷。只要我們揮別習慣的環境，走出心理舒適圈帶來的刺激能助我們快速累積新實力，並且脫離舊思維，創造多元的視角。

這不只能幫助你找到心之所向，更讓你增強經驗值，一路過關斬將，朝自己的目標大步邁進。

思路轉個彎

當你因猶疑而不敢走出舒適圈時，可以這樣想：

雖然你心理上認為當前的環境不會出現多大的變動，但外面的世界其實是不斷持續在改變的。如果有一天，當前的舒適環境被破壞，再次面對危機的你卻已經過於安逸而跟不上世界，屆時的焦慮會將你淹沒。不如勇敢出擊吧！讓你的心隨時嘗試新事物。而且一旦你主動改變，就會知道未來的任何一種變動，都只是成就自己的一個過程而已。

「任何改變，即便是通往更好的改變，總是伴隨著短處及不適。」

——英國小說家，阿諾德·本內特

Step 5

擁抱心價值，自由奔向新人生

心靈導航測驗

你是一個「百憂解」嗎？

Q 今天的氣候爽朗舒適，所以你決定到公園散步。路途中，你發現草叢裡有東西正閃閃發亮，你直覺地認為是下列哪種物品呢？

A 鏡子的碎片

B 鋁罐

C 硬幣

結果分析：

選擇A的人，樂觀指數30%

你是個容易罹患憂鬱症的人，遇到麻煩時，總是把後果想得非常嚴重，難以放下執念。例如，放不開一段感情，或是想要得到更多的權力，所以時常讓周遭的人備感壓力。想放下過度強求的人生，只要從「活在當下」做起，專注於自己眼前正在做的事，就不會因為過去而後悔，因為未來而憂慮。

選擇 B 的人，樂觀指數 50％

你偶爾會出現悲觀的傾向，但還是能勉強應對生活的挫折。適時地提醒自己，雖然我們沒辦法改變已經發生的事實，卻可以改變自己的態度。平日就多多鼓勵自己，你會發現，就算困難迎面而來，你也能迎刃而解。

選擇 C 的人，樂觀指數 90％

你可以說是個超級樂天派，常常把「真是不可思議」、「這不是很棒嗎」之類的話掛在嘴邊。就算當你遭遇天外飛來的橫禍，或是屋漏偏逢連夜雨的狀況，你也能平淡待之。請你用樂觀為周遭的人點燃希望之火吧，一旦身處的環境也充滿正向能量，你的生活將更無往不利。

我們無法改變事實，卻可以改變心態

法國作家莫泊桑曾經說過：「人生並不如想像的那麼美麗，卻也不如想像的那麼醜惡。」

當某些不樂見的事情發生時，我們雖然不能扭轉過去，卻可以改變自己的心態，因為如何看待人生，是由自己決定。所以，只要換個角度看世界，即使是面對同一件事，你也會產生截然不同的想法或感受。這時，就能用另一個角度的觀點，來平衡原本過偏的思維。

用感恩擦去心靈的塵垢

十一月的寒風刺骨，安妮正準備購買感恩節要用的花束。她情緒低落地走進花店，最近安妮先是因車禍意外而流產，隨後她的丈夫也失去工作。一連串的打擊令她幾乎崩潰，安妮實在不知道這個感恩節她有什麼值得感恩的事。

安妮心想：「我該感謝撞到我的司機？還是感謝救我一命卻沒能幫我保住孩子的汽車安全設備？還是感謝解雇我丈夫的主管？」

這時，後頭有一位女士走進花店。店員向對方打招呼：「嗨，芭芭拉，我這就把您訂的東西拿過來。」

店員走出工作間後，安妮發現她懷裡抱滿一大束玫瑰荊棘，而上頭連一朵花也沒有。安妮狐疑地看著芭芭拉向店員道謝之後，抱著花束離去。

安妮忍不住問道：「那位女士買的花束好奇怪啊？」

店員說道：「因為我把花都剪掉了，那是本店的特別花束，我稱它為感恩節荊棘花束。」

安妮完全無法理解，大聲地說道：「得了吧！你這是在告訴我，有人願意花錢買那玩意嗎？」

「三年前，當芭芭拉走進我們花店的時候，她的反應也跟你現在一樣，認為生活中沒有什麼值得感恩的事。那時她的父親剛死於癌症，家族事業也遭逢困境，兒子沉浸在毒癮中不可自拔，她自己又正面臨一個生死攸關的大手術。」店員繼續說道：「而那時我的丈夫也正好去世。我沒有孩子，沒有其他家人，連身邊的財產也所剩無幾。那是我頭一回獨自過感恩節。」

「那你怎麼辦？」安妮問道。

「我學會感恩生命裡的荊棘。」店員沉靜地答道：「我的經驗告訴我，荊棘能夠把玫瑰襯托得更加美麗。所以我花了一段時間才明白，原來黑暗的日子也非常重要。厄運降臨，讓我更加珍視過去與現在生活裡的美好事物。至少我和芭芭拉都是這麼走過來的。不要惱恨荊棘，因為它讓我們看見以前忽略的美好。」

安妮哽咽地問：「我想要買這束荊棘，請問該付多少錢？」

店員微笑地說：「免費，所有顧客第一年的特別花束都是由我送的。只要能把你內心的傷口治癒就好。」

其實我們都會面臨不順遂、屋漏偏逢連夜雨的時候，但並非世界不再美麗，而是內心的怨恨與懷疑蒙蔽了我們的雙眼，才看不見身邊盛開的玫瑰；掩住我們的雙耳，才聽不見夜鶯的歌唱；欺騙我們的心靈，才感受不到生活饋贈的幸福。只要我們讓陰暗的思想得逞，就永遠感覺不到快樂。所以當生活賜予我們災難時，請把它當作是襯托玫瑰的荊棘吧！

生命是如此短暫，既有快樂之時，必定也有痛苦之時，然而是快樂的比例多一些，還是痛苦多一些，全取決於你的心念。

換個角度，缺點立刻變優點

曾經有個瞎了一隻眼且瘸了一隻腿的國王，統治著偌大的王國。

一日，國王召集全國最優秀的畫家替他畫像，以讓後人銘記。第一位畫師相當傷腦筋，怕描繪事實會惹得國王不高興，於是乾脆造假，在畫布上勾勒一個四肢健全、又威嚴無比的國王。然而，國王一看到他的畫作，大為光火，當場就撕掉它。

第二個畫家眼見第一位畫家的下場，決定照實把國王的缺點全都畫出來，結果反而火上加油，惹得國王更加憤怒。

輪到第三位畫家，他左思右想，最後決定畫一幅國王狩獵圖。只見畫作裡的國王用一條腿蹲跪於地，一隻眼睜開，一隻眼閉上，正舉槍瞄準獵物。

眾人見此畫作，皆驚歎不已，國王亦大為讚賞，於是賞給第三位畫家大筆賞金。

這個有趣的小故事點出一個關鍵：只要我們稍微挪動視角，缺點也能變成優點，感受便會大不同。

舉例來說，如果一個人生性膽小，當他處理事情時，反而會比他人謹慎、不易出錯，讓人感到可靠。某人平時講話的音量大到讓人無法負荷，但在團體裡信心喊話時，卻反而相當振奮人心。

所以我們不妨學習第三位畫家的逆向思考。聰明的人會修飾自己的缺點，讓它成為自己獨一無二的利器。

無論是生活裡遇到不愉快的事、身邊出現討人厭的朋友，或是自己難以掩飾的缺失，不如換個視角理解它，打破世俗的思考常規，就能改造你自己的人生畫作。

思路轉個彎

身邊出現令你難以忍受的討厭鬼時，你可以試著這樣想：

我們不應該把精神浪費在討厭鬼身上，注意對方的惡習惡狀只會讓你耿耿於懷，放不開惱人的思緒。

不如試著這麼看待，他的吝嗇換言之是勤儉；太過依賴你，代表他是個能依照你的指示辦事的好幫手。如此一來，你不僅能善用對方的長處，也能慢慢放下他帶給你的負面情緒。

「指責是非常容易的事，看見缺點不需要太多力氣，但是發現修正的辦法則需要一些見識。」

——美國演員，威爾・羅傑斯

自信，是幸福人生的基本要件

法國影后瑪莉詠．柯蒂亞近幾年因演出《全面啟動》、《黑暗騎士：黎明昇起》等電影而大放異彩。

她在某次的專訪裡提到：「有一次我在法國的朋友家，屋裡的女人年紀雖皆在五十至七十歲之間，卻都如此風姿綽約。」

這就是瑪莉詠．柯蒂雅令人難以忘懷之處，她坦然接受自己的年齡，拒絕跟他人一樣想盡辦法凍齡，由內而散發的自信，讓她充滿不朽的魅力。

一個喜歡自己的人是快樂的，因為他們擁有自信，而一個有自信的人自然會匯集奪目的光芒。

所以請好好愛自己，自信就能成為你身處灰暗時仍能閃耀的唯一星光。

拋棄角色扮演，面對最真實的自己

有位青年剛到一家公司上班，他總是擔心別人會小看自己，所以不時就拐彎抹角地誇耀自己的才能。一天，同事們問起他的英文水平，男人先是一愣，但隨即一臉自滿地說：「我的英文口語能力足以和外國人對答如流。」

此話一出，等於替自己編寫新的角色設定。於是，為了扮演好同事們「信以為真」的角色，男人聊天時，不時會夾雜英文詞彙，以炫耀自己的英文很強。

隔幾天後，一位美國客戶來公司洽談業務，正巧公司的翻譯外出，正當經理著急之際，同事們紛紛推薦這位有為青年擔此重任。騎虎難下的男人只能滿口答應。

果然，雙方的生意沒有談攏，因為這位青年的菜英文讓場面一蹋糊塗，而他當然也隨即被開除。

當我們內心深處不愛自己，就會沒有自信，害怕向外界展現真實的一面。如同這位青年，為勾勒一個眾人喜愛的角色而口出狂言，反倒把自身欠缺的知識、思想空洞貧乏的一面展露無餘。此時，謊言變成凌遲自己的毒藥，摧毀自身所擁有的智慧和品格，最後落入如此狼狽不堪的境地。

確實，我們平常可以藉由佯裝出來的自信，讓對方因為我們展現出自然大方的態度，而留下好印象，促成合作。但是如果演的時間超出了心理負荷，我們的內心就無法放鬆了。因為這種與真實的差距會逐步將我們吞噬，不斷加深自我的不確定感。

適當的自信，可以幫助你嶄露實力；過度的自信，反而會讓你自曝其短。所以，你可以用自信的態度來安撫內心的不安，用謙虛的方式詮釋自己的長處，如此一來，就能展現出從容不迫的氣場，讓身邊的人為你的真我及實力心悅誠服。

大智若愚，大巧若拙

丹尼是一家跨國企業的會計，平時不愛說話，總是默默地做好分內的事。一日，公司因歡慶五十周年而舉辦歌唱比賽，老闆還規定各部門都得派員參加，但會計部門的報名人數寥寥無幾，主管很著急，因為能一展歌喉的人實在太少了。就在眾人一籌莫展的時候，丹尼突然表示：「那我就報名吧。」

同事們有些錯愕地問：「你行嗎？我們從來沒聽你唱過歌耶。」

丹尼笑笑地說：「我只是唱好玩而已。」

結果，丹尼在歌唱比賽裡的表現鶴立雞群，歌唱的水準遠超出所有參賽選手，因此奪下第一名，抱走大獎。一時之間，丹尼成為公司裡的風雲人物。同事們驚訝且佩服地說：「我們跟丹尼一起工作這麼多年，怎麼從來沒發現他有這麼好的歌喉！」謙虛低調的為人，讓丹尼這一刻的表現更加令人驚嘆。

謙遜，能積蓄一個人潛在的力量，因為他會避免張揚，全心當個觀察者與學習者；他不需要外界賜予的光芒，所以不會被虛浮不實的名利頭銜所迷惑，如此不斷積累經驗與能力，最後才能達到成功。

人生之路漫長，無論前方將面臨何種挑戰，只要相信自己，我們就能站穩腳步；只要謙虛請教他人，我們就不至於因為毫無頭緒而迷路。當你擁有了自信的心態和自知之明，充分掌握自身實力的你，就能朝著目標大步前進，收獲專屬的幸福人生。

思路轉個彎

想拋棄自卑感時，你可以這麼做：

自信心不足的人時常會因為被別人拒絕而開始胡思亂想，產生執念。你可以從嘗試肯定自己開始，每當你成就一件事，就稍微犒賞自己，就算是小事也沒關係。並且每天列出自己的一項優點。不要過分拿自己跟「達人」比較，對方可能是某個領域的專家，但台上十分鐘，台下十年功，只要經由不斷失敗與學習，有一天你也能成為某個領域的「專家」。

「人們因懼怕而亡，因自信而生。」

——美國哲學家，亨利・大衛・梭羅

專注的心，讓生活游刃有餘

你的生活實務是否常常突然被外在的事物、飄忽的思緒所打斷？

縱使看一眼訊息、電子郵件、臉書、Instagram花費不到一分鐘，你要重新找回原來的思緒脈絡卻會耗費很多時間，以至於你的注意力日趨渙散，工作效率越來越低，因焦慮不堪而形成的妄想日漸侵佔你的腦袋。

不如認真的享樂，認真的做事，保持專心一致的態度。專注的心可以聚焦能量，這時，你會發現，你擁有的潛力比自己想像的還要充沛。

戒掉３Ｃ產品，就能立刻停止一心多用

英國作家阿蘭．德波頓說：「只要坐在電腦前，你很容易就忘記自己要做什麼，因為總會有比你手頭的工作更刺

激，或更有趣的事情冒出來。」

琳達是平面廣告設計師，最近她總是有「時間不知道都跑哪兒去」的感受。眼看截稿日在即，琳達心裡焦慮不堪，出門上班前不斷對自己耳提面命：「今天一定要專心工作不可，只要我完成預定的工作量，絕對來得及截稿。」

但是當琳達打開電腦後，還是不自覺地先點開網站首頁的連結，把今日大大小小的資訊全都瀏覽一遍，縱使她一邊心想：「天啊，我得趕緊開始做事才行。」

等到琳達真的靜下心準備幹活，她卻只是茫然地盯著電腦螢幕，不知道該從何做起，一時難以組織自己腦中的靈感與想法，反而被可能會丟掉工作的念頭所佔據。即使她受夠這種因意志力不足而被時間緊迫盯人的生活，但卻又一再落入惡性循環裡。

當你遇到跟琳達雷同的情況，可以這麼做：如果你的工作不時充斥著瀏覽網頁、接收電子郵件與通訊軟體之訊息的需求，請你替自己定下時間規則，比如只在每天早上的九點至九點半，與下午一點至一點半之間瀏覽資訊，並回覆訊息。一段時間後，你會發現，因為你主動遏止那些分散思緒的事物產生，實質地提升了工作效率，因時限而焦慮的情況也得到改善。

因為我們害怕無聊，所以隨時都在追求新的刺激，而毫無節制地餵食大腦各式各樣的資訊，將使大腦患上衰竭症，效能降低。這就像電腦一次開啟過多的程式時，會有無法負荷而癱瘓的可能。我們以為同時處理多件不同的事能加快各項事務的進度，實則因為自己得不斷在不同的任務之間切換，而消耗大腦效率，使自己處於高度緊張的模式，影響情緒，最後被執念綁架了。

若你能全心全意做好當下的事，不僅心裡更踏實，也會獲得平靜的愉悅，揮別瞎忙又疲憊的人生窘境。

無羈絆，才能自由奔馳

「游刃有餘」意指一個人對於某件事能愉快勝任，並且從容不迫。這句成語是出自《莊子．養生主》一文，庖丁替梁惠王宰牛的典故。

庖丁的技巧出神入化，不僅突破一般人對於屠宰的血腥印象，甚至能當作藝術表演。一日，在他放下刀的那一刻，身旁的梁惠王驚嘆地問道：「天啊，你的技術怎麼能嫻熟高妙到這種地步！」

庖丁解釋道：「始臣之解牛之時，所見無非牛者。三年之後，未嘗見全牛也。」庖丁剛開始宰牛時，眼裡看到的就是一隻完整的牛，然而三年之後，他再也見不到完整的牛，而是進入嶄新的精神境界，依造牛身構造去肢解牛隻。

這是什麼意思呢？他拿自己的刀來說明：普通的廚師需要每個月換刀，是因為他們拿刀來剁肉；好的廚師每年換刀，是因為他們拿刀來割肉。而他卻跟大家不一樣。面對難以動刀，但仍有縫隙的筋骨連結之處，庖丁會集中注意力，放慢動作，於是自然順利肢解牛隻，所以他已使用十九個年頭的刀子還跟剛磨好的一般鋒利。梁惠王聽完庖丁的一席話，悟到了專心致志之道。

雖然人們總說：「工欲善其事，必先利其器。」但就像文中的庖丁，真正想成就一件事的關鍵，並不在於我們手中的配備，而是一顆全神貫注的心。面對目標，如果你能全神貫注，就能針對執行的關鍵核心投注心力，達成事半功倍之效。

有一天，善於識馬的伯樂準備退休，所以秦穆公請他推薦一個能夠繼承衣缽的人。伯樂便大力推薦九方皐，於是秦穆公便示意九方皐去找一匹千里馬，算是試試看他的能耐。

一段時間後，九方皐對秦穆公說：「主公，我在沙丘找到一匹黃色母馬，是為千里馬。」於是秦穆公就派人去買馬。

沒想到，他實際上買到的馬卻是黑色的公馬。秦穆公生氣地對伯樂說：「你推薦的人連馬是什麼顏色、是公的還是母的都分不清楚，怎麼相馬！」

伯樂說道：「這就是九方皐比我高明的地方了，他是看馬的本質，自然忽略了那些表象。」果真，事後證實此匹馬的確是千里名駒。

當我們專注於一件事情上，就能看見事物的本質，忽略外在紛亂的干擾，凝聚自身的力量，達成目的。由內而外的專注不僅能讓我們掌握自己的心，掌握眼前的事物，更讓我們擁有綜觀全局的能力。

一旦你擁有這般強大心智，又有什麼執念能夠阻止你往自己的人生目標邁進呢？

思路轉個彎

想要實際改善專注力，你可以從小處開始：

關掉智慧型手機與電子郵件的「通知」功能，就能斬斷你一看見新通知就想打開來看的制約行為。當你正在處理某項專案，桌上或電腦的視窗中，就只放這項專案的資料；當你坐在餐桌前，就好好享受餐點，不要邊看電視。一點一滴從日常事務中收回自己的專注力，只要你體會到專注的好處，自然更加願意減少那些令你分心的事物，專注的好習慣於焉養成。

「把你所有的思緒集中在手邊的工作，沒有聚焦的陽光無法燃燒。」

——加拿大發明家，亞歷山大・貝爾

順其自然，不強求的人生更快樂

在日本被稱為經營之神的松下幸之助，在遭受挫折與打擊時，總會想起鄉下人洗甘薯的情景：木桶裡裝滿要洗的甘薯，村民站在木桶邊用一根扁平的木棍不停地攪拌著，這時，大小不一的甘薯會隨著攪拌忽沉忽浮，相互替換。

對此，松下幸之助悟道：「這種浮浮沉沉、互有輪替的景象，正是人生的寫照。每個人的一生，就像水中的甘薯一樣，總是有浮有沉，不會永遠得意，也不會永遠窮困潦倒。這就是對每個人最好的磨練。」

所以當你在得失之間不斷徘徊時，別多想，順其自然吧！如此一來，就能盡量維持常樂之心。

把握當下，收放自如

亨利的夢想是買一台跑車，但對於身為小資族的他來說，這壓根是不可能的事。一日，朋友們開玩笑地說：「你去買彩券吧，中頭獎就有錢買車了。」

於是，他購買了一張五十元的彩券。在幸運女神的眷顧之下，亨利真的中了大獎，如願買下他夢寐以求的跑車。

然而，僅僅一周的時間，亨利的新車就被盜走了！朋友們想到愛車如命的亨利，擔心他無法承受這個打擊，紛紛前來安慰。

沒想到亨利卻一如往常的笑臉常開，朋友為此感到十分吃驚。

亨利說：「我為什麼要悲傷？如果你們弄丟了五十元，也沒什麼大不了吧？我也一樣啊，自始自終不過就是少了五十元而已嘛！」

人生的各種遭遇裡，本就有很多難以理解的事情。這時，被煩惱糾纏住的我們，不如先讓浮躁的心靜下來。因為，唯有以平和的態度面對一切，才能不慌亂、不悲觀，好好解決各種疑難雜症。接著，再告訴自己：一切隨緣。

隨緣的「隨」是順其自然，是不過度且不強求；「緣」則是象徵著一切的可能性。做人處事隨緣，不是叫你逃避問題，而是以豁達的心態去面對生命裡的各種可能。諸如：失去的可能，擁有的可能，分離的可能，重聚的可能。隨緣的功課能幫助我們調整心態，加強精神防線，讓我們能在浮沉變化的生活裡收放自如；在遭遇困難時，能保持愉悅平和的心情，繼續前進。

其實，順其自然並不難，只要從「把握當下」做起。一旦我們活在當下，就不會為「還沒發生的事」跟「已經發生的事」後悔憂慮，自然能得而不喜，失而不憂。

名利只是過眼雲煙，撥開它你就會看見幸福

一日，年屆六十的湯姆來到神的面前祈禱：「萬能的神呀，請您賜予我幸福。」神驚愕地問：「這六十年裡，你都不曾感到幸福嗎？」

湯姆搖頭後回答：「十歲時，我不懂什麼是幸福；二十歲時，我忙著追求文憑；三十歲時，我得賺錢買房子；四十歲時，我得專注在工作升遷；五十歲時，我操心孩

子的前途；六十歲時，我只剩一身的病痛。」
神說：「聽起來，這段時間裡你滿是幸福啊！」
湯姆驚呼：「有嗎？」
神說：「年幼的你跟同伴嬉戲玩耍，不識愁滋味；二十歲時，你青春正盛；三十歲時，你剛為人父母，孩子的笑容就能融化你的心；四十歲時，你的父母安康；五十歲時，你已經不必再為生計擔憂，孩子們即將展開自己的人生；六十歲時，你已退休，享受悠閒的生活……這難道不幸福嗎？」
湯姆一怔，問道：「可是為什麼我從來不覺得幸福呢？」
神歎了一口氣後說：「你的眼裡只看得見名利，心裡總是充滿埋怨，怎麼可能體會到幸福呢！」
神的一席話猶如醍醐灌頂，湯姆這才發現，一直以來，自己被名利蒙蔽雙眼，任六十年的幸福人生如水流逝。
《菜根譚》裡寫道：「此身常放在閒處，榮辱得失誰能差遣我；此心常安在靜中，是非利害誰能瞞昧我。」

這意謂著，只要我們把自己的身心安置在安寧的環境裡，功名利祿與是是非非就無法左右與欺矇我們。

然而，我們都知道，實在是難以避免為柴米油鹽醬醋茶的生活煩惱，我們不可能揚言要隱居於山，就輕易放下一切，走避山林。然而，山不轉路轉，路不轉人轉。既然無法做到「身放閒處」，那我們就「心安靜中」吧！

若能不對富貴動心，不對名利動心，不對貧賤動心，我們的心自然就能處於安定的狀態，處於安定的我們，自然能以清醒的心智和從容的步履走過歲月。

視功名利祿如浮雲，你會發現，幸福其實常伴左右。

思路轉個彎

想過濾多餘的欲望，你可以這樣做：

你可以學習購物網站的方法，建立一面屬於自己的欲望牆，但不同的是，你必須列出「正在困擾著你」的欲望。

接著，把你現下有能力完成的選項以藍筆圈出，其餘遙不可及的選項先別強求，就不會因為心情浮躁而錯失原本擁有的幸福。

「天空不留下我的痕跡，但我已飛過。」

——印度詩人，羅賓德拉納特·泰戈爾

寬恕，不為他人，而是饒過你自己

雅各與尼克皆是素食主義者，一日，他們應朋友查理的邀約，前往查理的宅邸享用美味的素宴。眾人相談甚歡，用餐氣氛愉悅。

沒想到，雅各突然發現其中一道菜餚裡竟混有碎肉！他氣極了，刻意把碎肉從青菜下翻出來，想給查理看看他的廚師做的好事。但是，看到這一幕的尼克趕緊又把碎肉藏起來。

聚會結束後，兩人離開查理的宅邸，雅各忍不住埋怨：「我就是故意要讓查理看到那些碎肉，你為什麼要阻止我？」

尼克反問：「你清楚查理的脾氣吧？」

雅各說：「當然！所以查理肯定會好好教訓他家的廚師，替我出一口氣。」

尼克搖頭說道：「你只是想出一口氣，但查理如果盛怒之下開除那個廚師，你不會感到不安嗎？你讓對方失去工作，就只因為他一個無心的過錯。」

你偶爾會有類似的想法嗎？如果某個人傷害我或是使我的利益受損，我就要報復他，使他也受到傷害。然而，最後心靈真正受傷的人是誰呢？

是自己。怨恨他人的同時，因為滿腔的不平之氣讓自己無法平靜。

原諒他人，並非為了讓對方逃脫罪責，而是為了讓你清心，讓你從悲傷憤怒的囹圄中解脫。

對他人慷慨，讓你的心更安穩

深夜裡，雅各走在沒有路燈的窄道上，因為能見度低，所以他偶爾會與人擦撞。就在他又一次被別人撞到時，雅各突然看見前方有道光源，照得窄道亮晃晃。

身旁的陌生人告訴他：「那是一位奇怪的盲人，明明就看不見，每晚出門卻都拿著手電筒。」

雅各一聽，好奇心驅使他上前與盲人攀談：「先生，我聽說您失明？」

盲人回答：「是啊，我天生全盲，有沒有光線對我來說都一樣。」

雅各不解地問：「既然如此，您為何還堅持要拿手電筒出門？」

盲人說：「我知道即使是一般人，也會因為夜晚缺乏光線而看不清楚，所以我才拿著手電筒出門啊！」

雅各不禁感嘆：「您的心地真善良啊！這麼為他人著想。」

盲人笑了笑，說道：「您可別這麼誇我，因為我這麼做不是為別人，而是為我自己。我先問您，您剛才一路走來，有沒有被人擦撞？」

雅各說：「確實有，但天色這麼暗，這也沒辦法。」

盲人說：「不過我在途中卻一次也沒有被撞到呢！因為我這手電筒的光可以照亮別人的道路，人們也能看見我經過，就不會撞到我了。」

人的一生，就像行走在某條羊腸小徑上，如果我們能替他人留一點餘地，並且照亮他人的路，就不會衍生因彼此碰撞而跌倒的危險。雖然表面上看來，是我們單方面為他人付出，不過我們卻從中受益匪淺，就如故事裡的這位盲人。

貪婪，是人類的本性，所以人們喜歡掠奪而不願輕易付出，這是可以理解的。不過請你試著這麼想：當我們走在小徑時，禮讓旁人，就不會碰撞他人；當我們吃到可口佳餚時，藉著不吝嗇地與他人分享，我們可以贏得良善的人際關係。只要我們真心地付出，慷慨地饋贈，我們自然能收獲更多。

確實，有時候你的付出看似沒有回報，但是別著急，只要你多給自己一點時間，你會發現，一旦種下善的種子，就會漸漸生根發芽，即使生長速度緩慢，也一定會有長成大樹的那天。

換位思考，讓你找回人生的重心

一日，菲尼斯與佛伯這對好朋友決定冒險一回，前往深不可測的森林，體驗野地求生。不料在冒險過程裡，兩人因詭異的天象跟外界失去聯繫，處境險象環生。

起初，菲尼斯與佛伯還能相互安慰鼓勵，但十幾天過去後，他們仍困在森林深處。由於迷失方向，加上氣候不佳導致難以覓食，讓兩人的求生意志更加脆弱，鮮少開口說話。

一天又過去了。太陽東升，菲尼斯揹著僅剩的野豬肉與佛伯繼續艱難前行。但是就在途中，一發子彈不知從何處而來，直直地射中菲尼斯！

佛伯聽聞槍響，害怕地跑向菲尼斯，激動得不知所云，趕緊替菲尼斯挑出子彈，並且包紮傷口。所幸，經過佛伯徹夜不眠的看護，菲尼斯死裡逃生，存活下來。沒多久，搜救隊終於找到迷失的菲尼斯與佛伯，順利把他們送回文明世界。

事隔六十幾年，當時身強體壯的菲尼斯已經老了，津津樂道地向兒孫們講述這段冒險故事。小孫子好奇地想知道，究竟爺爺有沒有抓到向他們開槍的兇手？

菲尼斯感慨萬千地說：「其實，我當天晚上就已經知道開槍的人是誰，他就是我的朋友佛伯。」

菲尼斯環顧驚訝的兒孫們，繼續說道：「當佛伯第一時間抱住倒地的我，我碰到他身上發熱的獵槍，立刻明白對我開槍的人就是佛伯。我想，佛伯定是想獨吞僅剩的食物。起初我確實很憤怒，但最後決定假裝不知道這件事，並且原諒他。因為我知道他只是想活著回家見他的家人。」

其實，對菲尼斯而言，原諒對方是一個很艱難卻也很堅強的抉擇。假設菲尼斯打算讓佛伯難堪，於是選擇揭露事實，他的人際關係樞紐可能就此改變。

因為菲尼斯會因此再也難以對人產生信任，無法建立正常的情感關係，而失去如今含飴弄孫的幸福。換句話說，他不僅會失去一個朋友，餘生也將沉浸在怨恨裡，錯過種種幸福的可能。

當你難以原諒他人時，不妨這麼想吧：每個人都會犯錯，都曾傷害到他人。有可能是你不經意的一句話傷人至深，自己卻渾然不覺；可能我們本意是想關心對方，殊不知因未拿捏好分寸，跨越私領域的界線，而使得對方感到更困擾。

既然當我們犯錯時，我們期盼能得到他人諒解；他人犯錯時，我們如果能換位思考，原諒對方，放下執念，不僅能擁有健康的人際關係，更重要的是，我們能重新找回自己的生活重心，掙脫耿耿於懷的痛苦，毫無負擔地瀏覽人生之旅的沿途風光。

思路轉個彎

想讓生活充滿愛，你可以從小處做起：

言語的殺傷力比你想像的還要可怕，任何一段關係的破裂，言語的傷害通常是致命的一擊。所以，適時地提醒自己，就算是認識多年的朋友，也要斟酌用詞，切忌過於隨意。因為怨恨就像灰塵，非常容易沾染；但只要你用心拂拭，心就能如明鏡般，照亮自我與他人，自然會吸引那些帶給你生命更多禮物的人前來結緣。

「弱者永不寬恕，寬恕是強者的性格。」

——印度獨立運動領袖，莫罕達斯・卡拉姆昌德・甘地

從幽默視角切入人生，沿路都是好風光

近年來食安風暴不斷席捲台灣，各式各樣的「山寨」產品也充斥市面。這讓林老伯伯一提起「假貨」就忿忿不平。

他抱怨道：「任何假的東西都是黑心的，意圖欺騙消費者，對人害處不少！」

林太太不以為意地說：「那倒也不一定。」

林老伯伯問：「怎麼說？」

林太太回答：「我這副假牙就替生活帶來了不少好處啊！」

確實，魚目混珠的行為實在讓人人義憤填膺，但人生苦短，在我們譴責不肖廠商的欺騙行為之餘，不妨也換個角度看待已經發生的事，痛苦將瞬間減輕許多。

正如牛頓所說：「愉快的生活來自愉快的思想。」

跳脫常規思維，讓執念無處生根

一位鋼琴家正展開世界巡迴演出，一日，他來到美國的某個城市。鋼琴家原以為現場會高朋滿座，直到出場的那一刻，他才發現觀眾席還剩一大半的空位，簡直讓他失望至極。然而，鋼琴家還是打起精神，走上舞台，決心不讓沮喪影響自己的表現。

待鋼琴家一鞠躬後，他自信滿滿地說：「你們這個城市的居民一定很富有。」

這時，只見觀眾不明所以地望向舞台上的鋼琴家。

鋼琴家繼續說：「因為我看到你們每個人都買了三個座位的票！」

日常生活裡，我們不免會遇到這種讓人手足無措的狀況。或許是自己當眾鬧了個笑話，覺得無地自容；或許是月底阮囊羞澀的壓力；或許是生活裡一時的迷茫、困惑。此時不妨用不同的角度來看待這些情況吧。幽自己一默，可以舒緩你的緊繃神經；無論當下處境如何讓你抓狂，無論你遭受何種負面攻擊，另類的想法，能讓你從中挖掘正面的意義，幫助你度過難關。

至於該如何培養這種樂觀豁達的態度呢？你可以從練習跳脫常軌思維開始，大膽地發揮創意。當你在為頭髮逐漸稀疏而沮喪時，可以反向思考，有什麼好沮喪呢？這下你可節省了不少洗髮精的費用呢！

如此一來，就算你未來遇見困難，在求助無門的情況下，你也能獨自在黑暗中找到一線生機。

把話說得巧，衝突自然少

愛爾蘭劇作家蕭伯納所寫的劇本曾在公演時獲得極大的回響。當時劇終後爆發如雷般的掌聲，舞臺下的觀眾不斷鼓譟要求蕭伯納上臺。於是他遵循觀眾的意願，準備上台接受眾人的致意。然而，誰也沒料想到，突然有一個挑釁的聲音從觀眾席傳出：

「這部劇爛透了！還是快停演吧！」

在眾人訝異之際，劇院陷入一片死寂，氣氛相當緊繃。

大夥看向那位高喊的觀眾，又望向舞臺上的蕭伯納，正等待蕭伯納嚴厲地駁斥對方。畢竟那人一看就是不懷好意，故意給他難堪。

出乎眾人意料之外的是，蕭伯納不但沒生氣，還爽朗地笑了。他彬彬有禮地回應：「這位朋友，您說得沒錯，其實我也是這麼想的。但遺憾的是，我們的意見簡直就是寡不敵眾，光憑我們兩人之力無法阻止公演繼續啊！」

蕭伯納語畢，全場哄堂大笑，歡聲雷動。這位自討沒趣的鬧事者只好摸摸鼻子，難堪地離開劇院。

很多時候，據理力爭，不如溝通巧妙。請你仔細回想，在一般情況下，當你講完一句話，是讓身旁的人會心一笑，還是沉默尷尬呢？靈活地運用語言，不僅有助於緩解緊繃的氛圍，更能讓你的生活趣味橫生。例如，千年難解的婆媳議題，其實也可以透過幽默的語言四兩撥千金。

一日，黛安赴國外探望兒子和媳婦，她發現兒子呈現幸福肥的狀態，但媳婦比起婚前卻瘦了不少。於是黛安關心地問媳婦：「你怎麼瘦成這樣？」

媳婦一時也沒多想，忍不住就向婆婆抱怨起來，她認為先生在家茶來伸手、飯來張口，就算隨手做點簡單的家務也會釀成慘劇，害自己必須攬下全部的家務。

婆婆聽完媳婦的一番牢騷後，只是笑笑地回答：「哎呀，雖然你說他做什麼事都不對，但有一件事他肯定做對了。」

「什麼事？」媳婦疑惑地問道。

「就是娶了你啊！」婆婆回答。

從現在起，你也可以開始訓練消災解厄的說話術，一旦人生的衝突矛盾減少，你自然就更輕鬆沒煩惱。然而，想培養幽默的言語技巧，必須要有一顆成熟的心智與周全的思考。建議你從基本的「觀察」與「聆聽」著手練習，學習分辨什麼樣的場合該說什麼樣的話，提升自我察言觀色的敏銳度。接著，當你想開口時，切勿急躁，三思而後言。若覺得幽默的哏更應該考量過後再說出口，才不會適得其反，變成以譏諷的言語傷害他人。

一旦你學會幽默的思考，會發現諸多過往耿耿於懷的事，自己不知不覺間已經放開了。

思路轉個彎

想用幽默解心裡的結，你可以試著這樣做：

平日就多注意有趣的事物，挖掘「笑點」。認真觀察幽默風趣的人，你會發現他們的見識廣博，因此時常能看到他人沒有發現的觀點。所以你也可以多閱讀、多看電影，吸收豐富多元的知識。當你內心住著一個喜劇泰斗，就算遇到人生慘劇，也擁有讓自己破涕為笑的能力，比任何人更快走出執念的陷阱，在命運想要攫住你時，放自己一馬！

「你的態度猶如一盒為世界上色的蠟筆，經常使用灰色，你的人生將看來暗淡無光，試圖透過幽默加上一些鮮明的色彩，你的人生亦將明亮。」

——美國作家，艾倫·克萊恩

國家圖書館出版品預行編目資料

放自己一馬吧！別讓執念綁架你 / 呂佳綺 -- 初版.
-- 新北市：啟思出版, 2015.03 面； 公分
ISBN 978-986-271-569-7（平裝）

1. 人生哲學 2. 生活指導

191.91 103024162

啟思 Cheese Group

放自己一馬吧！別讓執念綁架你

本書採減碳印製流程並使用優質中性紙（Acid & Alkali Free）最符環保需求。

出 版 者 ◤啟思出版
作 者 ◤呂佳綺
品質總監 ◤王寶玲
總 編 輯 ◤歐綾纖
文字編輯 ◤劉汝雯、孫琬鈞
美術設計 ◤吳佩真
內文排版 ◤新鑫電腦排版工作室

郵撥帳號 ◤50017206 采舍國際有限公司（郵撥購買，請另付一成郵資）
台灣出版中心 ◤新北市中和區中山路2段366巷10號10樓
電 話 ◤(02) 2248-7896 傳 真 ◤(02) 2248-7758
I S B N ◤978-986-271-569-7
出版日期 ◤2015年3月

全球華文市場總代理 ◤采舍國際
地 址 ◤新北市中和區中山路2段366巷10號3樓
電 話 ◤(02) 8245-8786 傳 真 ◤(02) 8245-8718

全系列書系特約展示
新絲路網路書店
地 址 ◤新北市中和區中山路2段366巷10號10樓
電 話 ◤(02) 8245-9896
網 址 ◤www.silkbook.com

線上 pbook&ebook 總代理 ◤全球華文聯合出版平台
地 址 ◤新北市中和區中山路2段366巷10號10樓
主題討論區 ◤www.silkbook.com/bookclub ● 新絲路讀書會
紙本書平台 ◤www.book4u.com.tw ● 華文網網路書店
電子書下載 ◤www.book4u.com.tw ● 電子書中心 (Acrobat Reader)